国开行资助中央党校2015年一般项目
"改革与立法关系研究——从税制改革切入"的结项成果

改革与立法关系研究

—— 从税制改革切入

张学博 主编

中国社会科学出版社

图书在版编目（CIP）数据

改革与立法关系研究：从税制改革切入 / 张学博主编. —北京：中国社会科学出版社，2017.7
ISBN 978-7-5203-0536-5

Ⅰ.①改… Ⅱ.①张… Ⅲ.①税收改革–研究–中国 Ⅳ.①F812.422

中国版本图书馆 CIP 数据核字（2017）第 134125 号

出 版 人	赵剑英
责任编辑	梁剑琴
责任校对	沈丁晨
责任印制	李寡寡

出　　版	中国社会科学出版社
社　　址	北京鼓楼西大街甲 158 号
邮　　编	100720
网　　址	http://www.csspw.cn
发 行 部	010-84083685
门 市 部	010-84029450
经　　销	新华书店及其他书店

印刷装订	北京市兴怀印刷厂
版　　次	2017 年 7 月第 1 版
印　　次	2017 年 7 月第 1 次印刷

开　　本	880×1230　1/32
印　　张	5.375
插　　页	2
字　　数	138 千字
定　　价	28.00 元

凡购买中国社会科学出版社图书，如有质量问题请与本社营销中心联系调换
电话：010-84083683

目　录

第一章

改革开放 30 多年来改革与立法的关系

第一节 "摸着石头过河"和"顶层设计"历史分析

改革开放 30 多年来，我们积极寻求各种途径和方法对中国特色社会主义事业进行探索和研究，而"摸着石头过河"与"顶层设计"相结合就是其中的重要一条。时至今日，如何正确认识"摸着石头过河"和"顶层设计"，以及如何更好地协调和处理二者的关系，仍是我们迫切需要解决的一项重大课题。

一 "摸着石头过河"的历史地位和历史作用

（一）"摸着石头过河"的提出和基本内涵

"摸着石头过河"一词概括来说，是指在尚没有任何经验，或者实践经验不足的情况下，没有现成的规律可遵循，或者现有规律掌握不成熟、不充分的条件下，只有靠大胆尝试、积极探索、逐步摸索、认真总结和摸清规律，才能稳步前进，最终逐步取得成功，用来概括和形容人们在没有经验可借鉴的情况下试探并摸索向前的处事方法。

新中国成立初期，百废待兴，各项建设事业都需要大力推进，在没有成熟的规律和现成经验可借鉴的情况下，陈云最早明确提出"摸着石头过河"的探索思路。1950年4月7日，陈云同志在出席政务院第二十七次会议时指出："物价涨不好，跌亦对生产不好……要'摸着石头过河'，稳当点好。"这是新中国成立初期中央领导人关于"摸着石头过河"策略最早的提法。陈云于1980年12月在中央工作会议上的讲话《经济形势与经验教训》中说："我们要改革，但是步子要稳。因为我们的改革，问题复杂，不能要求过急。改革固然要靠一定的理论研究、经济统计和经济预测，更重要的还是要从试点着手，随时总结经验，也就是要'摸着石头过河'。开始时步子要小，缓缓而行"；"这绝对不是不要改革，而是要使改革有利于调整，也有利于改革本身的成功"。① 随后，邓小平在《贯彻调整方针，保证安定团结》的讲话中指出："我完全同意陈云同志的讲话"；"这次对经济作进一步调整，是为了站稳脚跟，稳步前进，更有把握地实现四个现代化，更有利于达到四个现代化的目标"。"至于走什么样的路子，采取什么样的步骤来实现现代化，这要继续摆脱一切老的和新的框框的束缚，真正摸准、摸清我们的国情和经济活动中各种因素的相互关系……""经济结构和经济体制的改革取得了很好的成绩。要巩固已有的成绩，总结已有的经验，分析和解决在改革中出现的新问题。"② 新中国成立以后，陈云同志先后多次讲过"摸着石头过河"这句话，并把"摸着石头过河"作为一种重要的思想和工作方法。这同邓小平在改革开放过程中的许多论述是一致的。

改革开放以后，邓小平对陈云提出的"摸着石头过河"的策略也持赞同态度，他在不同的场合也表达了类似的思想，并将这

---

① 《陈云年谱》，中央文献出版社2000年版，第44页。

② 《邓小平文选》，人民出版社1994年版，第258页。

种在实践中摸索的方法提升为一种指导改革发展的理论策略。①
1986 年 9 月，在谈到改革时，邓小平指出："现在我们搞的实质上
是一场革命，从另一个意义上来说，我们现在做的事都是一个试
验，对我们来说，都是新事物，所以要摸索前进。既然是新事物，
难免要犯错误。我们的办法是不断总结经验，有错误就赶快改，
小错误不要变成大错误。"② 1987 年 11 月 16 日，他在谈到改革时
指出："我们现在所干的事业是一项新事业，马克思没有讲过，其
他社会主义国家也没有干过，所以，没有现成的经验可学。我们
只能在干中学，在实践中摸索。"③ 在 1992 年南方谈话中，邓小平
同志强调在改革过程中要加快步伐、大胆地试、大胆地闯，为"摸
着石头过河"策略赋予了敢闯敢试、开拓创新的新内涵。他指出：
"改革开放胆子要大一些，敢于试验，不能像小脚女人一样。看准
了的，就大胆地试，大胆地闯。没有一点闯的精神，没有一点
'冒'的精神……就走不出一条好路，走不出一条新路，就干不出
新的事业。"④ 他还说："搞改革完全是一件新的事情，难免会犯错
误，但我们不能怕，不能因噎废食，不能停步不前。"⑤ 因此，我
们的改革既是在实践中积极探索、稳步前行的过程，也是不断试
点、积累经验向前发展的过程，更是立足现状、掌握规律、敢闯
敢试、大胆探索的前进过程。

可见，"摸着石头过河"，这是我党一贯坚持的唯物主义的、
实事求是的思想路线和工作方法，作为一种推动和实施改革发展
的思想方法和战略策略，"摸着石头过河"强调要立足于现有条
件，从客观实际出发，在主体知识与能力水平的可操作范围内，

① 葛国耀、刘家俊：《改革攻坚："摸着石头过河"的现实困境及其出路研究》，
《中国特色社会主义研究》2012 年第 5 期。
② 《邓小平文选》，人民出版社 1994 年版，第 175 页。
③ 同上书，第 258 页。
④ 同上书，第 372 页。
⑤ 《邓小平文选》，人民出版社 1993 年版，第 229 页。

通过小范围试点的形式积累经验，然后再大面积推广实施，积极稳妥地实现改革发展目标。

（二）"摸着石头过河"的理论内涵

1. 所谓"过河"预示着改革过程中有可能遇到许多不确定的因素，这些不确定的因素可能被其表面现象所掩盖，如果处理不当，就可能带来一些预想不到的后果。"摸着石头"则体现了一种处理不确定事物的方法和策略。"石头"指的是客观存在的事实，"摸着石头"则指任何改革的政策措施都应该以客观事实为依据，根据实践的结果和对客观事实的认识，制定和选择改革的政策，尽可能避免和排除在某一具体政策上发生大的偏差和突变的可能性。

基于探索和摸索的改革发展思路推进，在整个改革推进的过程中，每一步都要非常谨慎，在不确定的、具有冒险性的改革过程中，始终保持审慎的态度，避免盲目行事和落入不能自拔的境地。整体理解"摸着石头过河"是指在有限的已知条件下，对改革后果缺乏了解时，根据其现实目标所做出有限度的、稳妥的决策，并保持随时调整既定决策的余地。这种决策是连续性的，即当前一个决策的结果基本明了时，后一个决策对前一决策的内容进行修正和补充，以求避免盲目决策所带来的高额的改革成本和风险。当我们无法获得充足信息同时又无成熟经验可以借鉴的时候，"摸着石头过河"的方法仍然不失为解决迫切问题首选的方法。由于改革是在循序渐进、不断调试的基础上进行的，这种方法本身就具有试错的功能，一旦发现错误，很容易进行补救和调整。

2. "摸着石头过河"的思路反映了中国改革领导层在改革中要始终把握改革过程和改革结果的愿望。为实现这一愿望，就必须对改革过程中存在的种种不确定因素进行尽可能的预测，在体制上不断提高鉴别和处理临时和过渡性信息的认知能力，以及提高对突发事件做出及时反应和对产生坏结果的既定政策做出及时调整的决策能力。更重要的是,"摸着石头过河"的思路已不再把事物的发展和演变看成是某种特定规律的必然结果,而是承认改革过程中常常会遇到不确定的因素,因此需要不断地探索,不断地选择。从认识论的角度来看,"摸着石头过河"的方法允许通过实践学习认识客观真理,这种方法有助于在政策选择和制定过程中提高其创新能力和引进新制度的基本要素。在对改革的结果缺少充分的知识和认知能力,改革方向不明确和缺乏有效理论指导的情况下,这一方法显得尤其重要。

3. 强调"摸石头"的目标是"过河"。"摸着石头过河"的改革具有明确的方向,我们正是采用这种方法积小胜为大胜,探索建立了社会主义市场经济体制,开创和发展了中国特色社会主义,取得举世瞩目的成就。"摸着石头过河"的成功绝不是偶然的。它一方面强调因时因地制宜进行改革实践,在实践中获得真知;另一方面通过行动、认知、修正行动、再认知的过程凝练改革理论,使之能够解释越来越多的现实,而不是固守已有理论。作为中国改革开放的总设计师,邓小平同志指出,改革是社会主义的自我完善和发展,改革的目标任务是建设中国特色的社会主义,社会主义初级阶段的发展目标就是要基本实现现代化。正是在明确了这样一个基本目标任务的前提条件下,我们才能够摸着石头朝河对岸探索前行,而不至于迷失了发展方向。因此,"摸着石头过河"作为一种改革策略,其首要的特征就是要"过河",只有确立了这样一个明确的目标任务,才能有在实践中"摸石头"探索的必要性。否则,我们完全可以调整前进路径,避开"河"里的暗流和陷阱,"绕河"前行。正是因为中国政治体制改革政策在"摸着石头过河"方法论指导下不断评估和检验,不断修正和调整,从而减少了改革落入陷阱的可能性。正是因为对这些因素的考虑,中国的政治改革过程表现为一种波浪式的渐进模式,即在合适的时候大胆地推动认为是必要的改革方案，但当改革出现不稳定的因素时收缩改革的范围，调整改革的政策内容，等待下一次时机来临。这一方法的运用，保证了改革进程中继承与变革的有效平衡，也保证了改革的不断继续。

（三）"摸着石头过河"的历史评价

1."摸着石头过河"，是富有中国特色、符合中国国情的改革方法。"摸着石头过河"这句话作为一种工作方法，实际上是具有中国特色、合乎渐进式改革要求的方法论，也是改革探索的一般方法。这个方法论在整个改革进程中都行之有效，不会过时。习近平总书记在十八届中共中央政治局第二次集体学习时指出：改革开放是前无古人的崭新事业，必须坚持正确的方法论，在不断实践探索中推进。"摸着石头过河"，是富有中国特色、符合中国国情的改革方法。"摸着石头过河"就是摸规律，从实践中获得真知。"摸着石头过河"和加强"顶层设计"是辩证统一的。

2."摸着石头过河"作为一种渐进改革方法，是在实践基础上摸规律，是有效的。

从计划经济体制向市场经济体制转型，尽管转型目标明确，但由于是从一种传统的习惯性经济发展模式走向另一个我们尚未熟知，或者了解不多，而又必须在中国这样一个大国成功的新型经济发展模式，甚至是在中国历史上从来没有的经济发展模式。当时，由于缺乏经验，理论准备不足，人们认识的局限性较大，这种转型充满不确定性，因此风险和挑战是何等的艰巨？尤其是世界上一些经济体，比如苏联、南斯拉夫、捷克等由于转型失败而导致国家分崩离析，给我们深刻的教训和经验借鉴。总结世界经验得出，几乎所有激进式改革国家，经济由于生产链条突然破坏而都出现"短缺下的衰退"。我们的高层领导充分认识到，改革的成败，完全取决于战略和策略。脱离实际，急于求成，只能适得其反。于是，渐进式改革便成为我国改革开放初期，从我国实际国情出发，逐渐的、稳妥的、一步一个脚印扎扎实实推进的方法和策略。这种"摸着石头过河"渐进式策略由于没有经验，实际上是一种边干边总结的做法；是一种通过不断"试错"以求"少错"的做法。而这种不断实践—总结—提升的渐进式"试错"和"纠错"思路探索，被实践证明，是正确的、可行的，是符合中国当时改革发展需要的最佳模式，是中国在改革初期的一种合理选择。而且时至今日，实践证明，渐进式改革的推进模式是经济模式转型成功的样板。由于中国采取了与苏联截然不同的改革路径，结果导致巨大的经济发展差异。要想让改革从理念走向实践，从设计变成现实，脚踏实地摸着石头是一件很自然的事情，尤其对于我们中国改革来说，我们的社会主义市场经济，都是前无古人的新生事物，它既没有现成的蓝本，也没有确定的途径，甚至用我们现在的话说，连其最本质的认识都是不断被发现的过程。那么干全新的事业，做前人没有做过的事情，最重要的就是要不断地探索，探索就得"摸石头"。我国改革开放就是这样通过实践、认识、再实践、再认识的反复过程，逐步取得规律性认识的。先试验、后总结、再推广的不断积累过程，就是从农村到城市、从沿海到内地、从局部到整体不断深化的过程。这种渐进式改革，避免了因情况不明、举措不当而引起的社会动荡，实践证明是成功的。所以在这个意义上来说，"摸着石头过河"的改革探索方式和途径是我们中国改革最大的方法论，是通过实践证明了的有效探索的成功选择。

3. "摸着石头过河"是我国改革开放以来三十多年一直坚持和逐步探索并加以完善的发展理念和创新思维。思维变迁决定中国革命、建设和改革的兴衰成败，创新的思维是党和人民进行革命、建设和改革的锐利武器。改革开放之初，摆在我们面前的首要任务是正确解答，"什么是社会主义，怎样建设社会主义"这个重大问题。邓小平运用创新的思维，提出"摸着石头过河"的实践探索思路和发展理念，为我们进行中国特色社会主义的探索和实践做出了方向引领和思路开启。马克思主义认为，中国特色社会主义没有现成的建设模式和经验，中国特色社会主义道路、理论体系和制度要靠党和人民自己探索。显然，邓小平提出的"摸着石头过河"的创新思维范式，具体是指我们要在"社会主义"这条历史长河中摸着"马克思主义和中国化的马克思主义"这个"可靠石头"解答"什么是社会主义，怎样建设社会主义"这个重大课题。"摸着石头过河"作为推进中国特色社会主义理论创新和实践创新的思维工具和发展理念，在中国特色社会主义开创、坚持和发展阶段中具有一脉相承的立场、观点、方法和质同式异的结构形态，正确地解答了建设中国特色社会主义的理论和实践难题。当前，随着我国改革开放的不断发展和深入，制约科学发展的体制机制障碍仍然很多，深化改革开放的任务还很艰巨很繁重。特别是国内外环境都在发生极为广泛而深刻的变化，我国发展面临一系列突出矛盾和挑战，前进道路上还有不少困难和问题。解决这些突出矛盾和问题，实现经济社会持续健康发展，同样离不开"摸着石头过河"的创新思维和发展理念引领。在我国推进中国特色社会主义伟大事业过程中，实践是不断向前发展的，新情况新问题层出不穷，改革不可能毕其功于一役，不可能一劳永逸。尤其当前，在经济发展新常态背景下，中国共产党人在解决怎样建设中国特色社会主义的重大理论和实践课题时，提出"摸着石头过河"和加强"顶层设计"相结合的发展思维和发展理念，这一结合思维模式的提出标志着中国特色社会主义创新思维范式进入一个新的发展阶段。这是党和人民的创新思维范式的一次转型升级，而不是完全替代关系。这是我党对中国特色社会主义事业发展认识的深入和不断成熟的标志。显然，"摸着石头过河"的创新思维还有存在的必然性，因为"未来社会主义是什么样的，要由生活在那个时代的人们，根据社会发展的实际，在不断的实践探索中作出创造性的回答"。所以，"摸着石头过河"的创新思维仍然是我们推进社会主义现代化建设的重要思维模式和发展理念。

二　"摸着石头过河"与加强"顶层设计"的辩证统一关系

"摸着石头过河"是为改革进行道路的探索，"顶层设计"是为改革开放确定明确方向和整体布局，两者相辅相成，相互统一。坚持"摸着石头过河"与加强"顶层设计"并不矛盾。改革是一个上下互动、互为补充的过程，既需要"摸着石头过河"，也需要"顶层设计"，二者缺一不可。正确认识和处理二者之间的关系，正是全面深化改革应把握的重大关系之一。

习近平总书记在十八届中共中央政治局第二次集体学习时也明确指出："'摸着石头过河'和加强'顶层设计'是辩证统一的，推进局部的阶段性改革开放要在加强'顶层设计'的前提下进行，加强'顶层设计'要在推进局部的阶段性改革开放的基础上来谋划。"① 要加强宏观思考和"顶层设计"，更加注重改革的系统性、整体性、协同性，同时也要继续鼓励大胆试验、大胆突破，不断把改革开放引向深入。党的十八届三中全会公报和《中共中央关于全面深化改革若干重大问题的决定》，在讲到我国改革开放的成功实践为全面深化改革提供了重要经验时均强调，必须"加强顶层设计和'摸着石头过河'相结合"。

"摸着石头过河"和加强"顶层设计"是辩证统一的。"摸着石头过河"与"顶层设计"二者是实践与理论的关系，既不能互相代替，也不相互割裂。因为没有科学实践为基础支撑的理论是空洞的，也是不成熟的，同样没有科学理论指导的实践容易偏离正确的方向和轨道。毛泽东说过，任务好比过河，方法好比桥或船，

---

① 《毛泽东选集》（第 1 卷），人民出版社 1991 年版，第 139 页。

"不解决桥或船的问题，过河就是一句空话。不解决方法问题，任务也只是瞎说一顿"①。"摸着石头过河"实质上摸的是客观规律，但人们对客观规律的认识不是一步到位的，而是逐步深化的，对规律的运用能力也是随着实践的深入而不断提高的，"顶层设计"和"摸着石头过河"都是推进改革的重要方法，"顶层设计"以"摸着石头过河"的实践经验为基础，为改革开放提供宏观指导和总体规划；"摸着石头过河"以"顶层设计"的科学指导为依据，以不断探索和试验的现实成果支撑着改革事业不断向前发展。在继续推进改革的过程中，我们应该秉持大胆设计，小心摸索的原则，把二者有机结合起来。

三　全面深化改革，必须坚持"摸着石头过河"和加强"顶层设计"的统一

"顶层设计"与"摸着石头过河"相结合既是改革理论的创新又是改革方略的创新。

（一）全面深化改革仍需"摸着石头过河"

改革开放 30 多年来我们通过摸着石头跨过一条又一条的改革大河。目前，改革进入攻坚期和深水区，一方面，我国发展面临一系列突出矛盾和挑战，社会结构深刻变化，利益格局深刻调整，改革面临的问题之多、难度之大、矛盾之复杂，前所未有；另一方面，国人对改革的要求高，期望大，承受力弱。如何深化改革，特别是深化重要领域、重点环节、重大利益调整的体制性改革，我们仍需摸着石头继续探索。"摸着石头过河"就是摸规律，从实践中获得真知。"摸着石头过河"作为一种渐进方法，在我们的改革设计中受到了最大的青睐。它为我们提供了一种实践探索方法和路径选择，由于渐进的改革和创新在增进获利的同时带来了社

---

①　何静、景春晓、黄婉霞、朱开君：《"顶层设计"与"摸着石头过河"的关系及其意义初探》，《鸡西大学学报》2015 年第 2 期。

会的稳定，这种对渐进改革的路径依赖，在一定程度上保持了改革发展稳定的统一。由此，我们认为，"摸着石头过河"是一种必不可少的实践方法，是对"顶层设计"的落实，也是对"顶层设计"的检验，由于"摸着石头过河"在实践的过程中多是以"胆子要大，步子要稳"的方针为指导，发挥自身的自主性和主动性才能更好地总结经验教训，试点、试错性地探索取得的经验在适合的条件下进行全面推广能有效提高改革效率。因此，在改革的过程中应充分尊重实践经验和基层创新，充分尊重人民群众的首创精神，以"摸着石头过河"的实践探索和经验规律总结提升，为全面深化改革的总体"顶层设计"提供理论基础。

（二）全面深化改革，要有明确的"顶层设计"

当改革需要有一个整体性的、全局性的规范的时候，只有"顶层设计"能够承担这样的使命。所谓"顶层设计"，就是要对经济体制、政治体制、文化体制、社会体制、生态体制等做出统筹设计，加强对各项改革关联性的研判，努力做到全局和局部相配套、治本和治标相结合、渐进和突破相促进。习近平总书记强调，推进局部的阶段性改革开放要在加强"顶层设计"的前提下进行，加强"顶层设计"要在推进局部的阶段性改革开放的基础上来谋划。这些要求很科学、很辩证，为我们加强改革的宏观思考和"顶层设计"提供了基本遵循。

"顶层设计"一般指的是从最高层次上去寻求问题的解决之道。用"顶层设计"解决改革中的重大问题，我们不难发现，改革既需要"顶层设计"，同时也需要智慧。改革是一场巨大的变革，应当以社会公正为基本理念进行基本制度和政策的设计安排。真正的社会公正，不应只是对哪个特定群体有利，而是应当对所有群体都有利，即不仅要使全体人民共享社会发展成果，而且要为每一个社会成员的自由发展提供充分的空间。所以，基于社会公正的基本制度和政策安排，能够为社会各个群体所接受，因而具有可持续性。另外，需要制定一个周全、长远的改革任务时间表。改革如果仅仅停留在"顶层设计"，那只能是空中楼阁。"顶层设计"需要落实而变为具体的改革任务。

（三）全面深化改革需要"摸着石头过河"和加强"顶层设计"的协调统一

"摸着石头过河"是自下而上地开展改革探索，强调的是全民参与，各方面力量的集聚，更加突出强调基层的作用。"顶层设计"是自上而下地协调各种关系，强调高层的作用，强调高层的统揽全局和整体把握。①"摸着石头过河"是战术思维和微观设计，强调从实践中认识问题和解决问题，方法和策略上按照先易后难的步骤推进改革，通过不断探索和经验积累，获得真知、认识规律、创新理论。"顶层设计"是战略思维和宏观设计，注重以系统工程的方法推进经济、政治、文化、社会、生态文明等各领域改革；从整体上全面把握和推进改革开放进程；注重制度、政策的配套和衔接，防止各自为政、相互脱节、相互冲突。

从"摸着石头过河"到加强"顶层设计"是我们认识问题和分析问题不断深化和升华的过程。加强"顶层设计"是在新的历史起点上全面深化改革的必然要求，能够极大提高改革决策的科学性、增强改革措施的协调性。所以，"摸着石头过河"应在加强"顶层设计"的前提下进行。"摸着石头过河"可以大大降低改革的风险与成本，确保"顶层设计"切合实际并与时俱进。同时，加强"顶层设计"应在"摸着石头过河"的实践基础上谋划。

改革是一个上下互动、互为补充的过程，既需要"摸着石头过河"，也需要"顶层设计"，正确认识和处理二者之间的关系，正是全面深化改革应把握的重大关系之一。② 改革开放实质上是要改变不适

---

① 李周：《全面深化改革仍需"摸着石头过河"》，《人民日报》2015年4月9日第7版。

② 同上。

应经济社会发展的旧思维、旧体制，这个过程是非常复杂的，因为这不仅涉及一部分人的利益，而且还要受到事物已有惯性的影响，从而使改革困难重重。要打破这种困境，既要大力调动基层群众的创造精神，让一切有利于创新的源泉充分涌流；也需要党和政府的高度重视与支持，为新观念的形成、新事物的成长营造良好的环境，同时把基层的经验加以提炼和总结，上升为理论和政策。只有实现上下联动，才能推动改革开放的顺利发展。回顾改革开放以来我们所取得的每一项重大突破，无不包含着基层的探索和高层的谋略，任何一方面的缺失，都会影响改革开放事业的发展。

改革没有现成的模式可以照搬。同样，改革的"顶层设计"方案也没有现成的模式可以照抄。"设计"本身就是对新事物的一种探索研究、一种创新认识。所以，"顶层设计"本身就是一种对现实"摸石头"的过程，通过"摸石头"而认识和解决"河"这个改革中的问题，从而设计出改革方案。从这个意义上说，"顶层设计"本身也是"摸着石头过河"而解决改革问题的过程。反过来，"摸着石头过河"就是寻找、认识、选择"石头"，即设计"石头"，从而为"过河"找到最佳的方向和"桥梁"。解决改革问题。如果事先不设计"石头"，就很难"过河"。① 同时，"顶层设计"也需要在实践中再"摸石头"，以便不断修正完善。因此，全面深化改革当然也需要两种方法和创新思路的双重驱动。

第二节　"摸着石头过河"的历史功绩与局限

改革的具体路径，有两种不同的主张。一种认为是可以通过

---

① 陈庆思：《"顶层设计"和"摸着石头过河"不能割裂开来》，《北京日报》2015年 5 月 15 日第 7 版。

人们理性的、主观努力而建构出来的，比如经过政治家的理性设计，比如经过政府自上而下的推动，这是建构社会主义市场经济秩序、推进法治社会的一种主动性的力量。另一种认为改革是不能建构的，只能通过社会的自然演进而逐渐成长，即通过社会经济发展，经过民间生活的演进，简言之就是"摸着石头过河""胆子再大一点，步子再快一点"。根据当代中国改革的实践，改革既是根据本土社会发展而自然演进的，又是可以被主体经过理性设计和实行而推进的。

一　"摸着石头过河"的历史必然性

符合国情的需要。中国的地域广大，地区差异极大，从一开始就意味着教条式的统一原则，根本没有适用的可能性。取而代之的是，必须在中央和地方之间，恰当地划分财权和事权，而这只能通过试错的方式来进行，而非可靠照搬外国的方法而得。实际上，按照教条式的统一原则，中国不会产生"一国两制""经济特区"、民族地区的区域自治，不会允许省级人大存在立法权，不可能允许地方财政具有独立性，而形成所谓的财政联邦主义。实际上，"摸着石头过河"乃是试图寻找出一条适应于我国国情的试错之路，并通过这种方式来减少改革的社会成本。采取渐进式的试错式的方式，方能充分把握和控制转型过程中的风险和成本。实际上，渐进式的改革，正是中国改革开放30多年来繁荣稳定的根基。

符合解决矛盾的规律。"摸着石头过河"意味着对一定时期改革关键问题的把握、核心驱动力的探索和重点部位的突破。之所以强调"摸着石头过河"的改革方法是因为社会总是存在复杂多样的矛盾。在一定时期主体需要通过实践探索抓住主要矛盾或者矛盾的主要方面，进而逐步解决其他矛盾以渐进地推动社会发展的进程。毛泽东指出，"事物的性质主要地是由取得支配地位的矛盾的主要方面所规定的"。从不同时期看,一定时期改革所面临的各种层次、类型、性质的矛盾,在改革中的地位、所起的作用是不一样的。事物的主要矛盾和次要矛盾,矛盾的主要方面和次要方面也是相互转化的。在改革中只有通过"摸着石头过河"的探索过程才能面对改革的主要矛盾和矛盾的主要方面,及时认识矛盾的转化以及创造条件促进矛盾的转化。在此基础上解决主要矛盾或者矛盾的主要方面,寻求牵一发而动全身的突破口,做到以点带面,寻求改革的突破口。

为"顶层设计"提供了实践基础。理论来自实践。"顶层设计"就是通过"摸石头"的实践,从中探索一条符合经济社会发展的客观规律,把实践中的感性认识上升到规律性的理论,从而为改革提供符合客观规律的科学设计。"摸着石头过河"意味着改革需要实践探索,以完善中国特色社会主义制度为目标的改革,是一条独特的改革之路。中国的改革没有一条成功的模式可以拿来指导,没有直接的经验可以依据参考,必须在实践中不断探索。习近平指出:"摸着石头改革是富有中国特色、符合中国国情的改革方法。'摸着石头过河'就是摸规律,从实践中获得真知。"从这个意义上看,改革的过程必然是"摸着石头过河"的过程。"摸着石头过河"是一个通过实践寻求规律,并利用规律不断推动实践创新的过程;是坚持实事求是原则,根据变化了的实际情况不断调整改革的过程;是在实践中不断推进改革的永续过程。正如习近平所指出的,"在认识世界和改造世界的过程中,旧的问题解决了新的问题又会产生,制度总是需要不断完善,因而改革不可能一蹴而就,也不可能一劳永逸"。

二 "摸着石头过河"的历史功绩

因此,我们的改革既是在实践中积极探索、稳步前行的过程,也是不断试点、积累经验向前发展的过程,更是立足现状、掌握规律、敢闯敢试、大胆探索的前进过程。可见，作为一种实施改革发展的战术策略，"摸着石头过河"强调要立足于现有条件，从客观实际出发，在主体知识与能力水平的可操作范围内，通过小范围试点的形式积累经验，然后再大面积推广实施，积极稳妥地实现改革发展目标。

"摸着石头过河"是具有中国特色、合乎渐进式改革要求的方法论，也是改革探索的一般方法。这个方法论在整个改革进程中都行之有效，不会过时。其中，"河"是改革拟解决的问题，"摸"是认识，"石头"是实践和实际情况。"摸着石头过河"的过程，也就是实践、认识、再实践、再认识的过程。面对一条陌生的河，又没有船、桥可供利用，"摸着石头过河"显然是最可行和最安全的办法。其实，不仅在没有船、桥的情形下需要摸石头，修桥、造船也需要摸石头。预先不做调研，就造不出合适的桥和船。

建设有中国特色的社会主义是一项前无古人的创新性事业，在从事这项事业的历史进程中，我们没有现成的经验可供借鉴，我们没有现成的理论可供学习，一切都要靠我们在实践中不断地摸索，不断地实验，自己闯出一条路子来。

正是靠着这种大胆的探索精神，我们突破了一系列的禁区，搞了联产承包责任制，搞了城市试点改革，提出了科学技术是第一生产力，知识分子是工人阶级的一部分，贫穷不是社会主义，"一国两制"统一祖国的方针，社会主义初级阶段理论，等等；把改革一步步引向深入，建设有中国特色的社会主义事业取得了一个又一个的辉煌成就。1992年，邓小平南方谈话时进一步说，改革开放胆子要大一些，敢于试验，看准了的，就大胆地试，大胆地闯。他还提出了"三个有利于"标准，提出了社会主义也能搞市场经济。就这样，我国的改革开放事业又出现了一次重大的突破，大胆地吸收和借鉴了人类社会创造的一切文明成果，尤其是发达资本主义国家的先进经营方式、管理方法，确立了我国社会主义市场经济体制的基本模式和运行机制。

　　"摸着石头过河"建立起了"顶层设计"需求与供给之间的良性互动。由于我国幅员辽阔，无论是地理环境、经济发展程度还是所秉持的文化观念，各地区都存在极大的差异，"顶层设计"如果要符合各地的实际需要，就必须针对当地的情况，予以进行必要的调整。例如，在经济发展的起飞阶段，袁芳烈本是带着打击投机倒把的任务去温州任市委书记，然而，在了解到"黑工厂"才是温州的生存之本后，袁芳烈就采取了有效的政策措施，使得地下工厂合法化，由此而导致温州经济的第一次腾飞。在义乌，同样流传着农妇与县委书记辩论而导致商贸合法化的故事。这些都说明，东部地区的地方政府在面对新的制度需求时，与人民要求良性互动，从而使得经济发展和制度的良性演变得以实现。试想一下，如果当初袁芳烈按照当时的政策严格取缔地下工厂，打击投机倒把，还会有温州的今天吗？如果义乌县委书记采取取缔商贸的策略，还会有义乌小商品城今日的辉煌吗？

　　体现了高瞻远瞩的政治谋略。一方面，"摸着石头过河"和实践是检验真理的唯一标准是一脉相承的，前者是后者在实践中应用。因此"摸着石头过河"有利于改革在教条和迷信中突破而出。另一方面，在对改革没有共识的情况下，"摸着石头过河"有利于单边突破。众所周知，中国的改革开放事业是从分歧中走出来的，归功于"摸着石头过河"的战略思想。因为，"摸着石头过河"就意味着，允许有异议、有保留意见、允许观望，但在小范围内先试，让事实说话，失败了也无关大局，成功了再向全国推进。可见"摸着石头过河"是化解改革阻力的最高政治谋略。

三　"摸着石头过河"的局限性

　　改革开放 35 年来，"摸着石头过河"作为我们在没有经验借鉴的情况下采取的一种选择策略，对推进过去的改革发展进程发挥了非常重要的作用。然而，随着各项改革事业的全面推进，目前改革面临的阻力和困难明显加大，有些领域改革一直停滞不前，甚至出现倒退。在改革深入发展的新形势下，传统的摸石头过河式的试错性改革策略弊端日益凸显。

评价目标的单一性。"摸着石头过河"强调在"过河"进程中"石头"的唯一合理性，只有摸到了"石头"，才能顺利踩着"石头"一步一步地向河对岸前进。这种方法在刚刚下河的浅水区是非常有效的，那时过河的人可以通过眼观和脚探的方法很快就能够摸到前面的石头。但是，随着人逐步向河中央前进，河水逐渐变深，水流不断加速，水中的漩涡不断增多，而前进中石头却很难看见并摸到，如果摸不到石头，人可能就过不了河。同样，在改革实践过程中，由于改革初期革故鼎新之事触手可及，改革涉及的利益矛盾和阻力也相对较小，改革者能够很容易就摸到"石头"，各项改革发展工作的推进也很快。但是，随着改革的深入发展，每一项改革涉及的利益矛盾群体越来越多，改革遭遇的阻力也越来越大，改革者摸到"石头"的难度也越来越大，改革的突破口越来越难找，工作推进的难度也就越来越大。同时由于"石头"难摸，也可能会出现"摸到了石头却不过河"的现象。这也是在我们的改革步入深水区后，很多重要的改革工作一直停滞不前的重要原因。党的十八届五中全会提出了"五大发展理念"即"创新、协调、绿色、开放、共享"，体现了经济指标为代表的短期利益不再作为评价经济社会发展的唯一指标，科学发展、和谐发展、全面发展才是改革的目标指向。

缺乏合理的改革利益与风险分担机制。作为一项中国特色的自下而上的改革推进策略，"摸着石头过河"的特点在于先在局部地方搞试点，积累了经验后再在面上进行推广。如果改革试点被实践证明成功可行，中央会将改革模式由局部向全国推广，同时给予地方荣誉和成功光环。这是一种理想的改革试点模式，中央和地方都在改革过程中受益。但是，我们的改革是一个探索真理的过程，是探索就必然会犯错误或遭遇失败。一旦地方的改革试验遭遇失败，这种失败的工作责任和政治风险将由地方政府或改革者承担。这样一来，必然导致在中央与地方及底层之间产生风险不合理分担的问题。如果地方改革成功的收益将被中央分享，但改革的成本却要地方完全承担，就势必会极大地降低地方政府改革试验的主动性和积极性。因为从地方政府官员的角度来看，一旦改革探索失败或中途夭折，必然会给他们自己日后的工作和政治前途带来极大的负面影响。这种"权、责、利"的模糊性现状，在现实中势必会引发很多人采取求稳和"自保"的策略，在工作中尽量不出现错误或少出现问题，不积极投入改革试验或投入较少的精力，这正是当前很多重要的改革工作一直停滞不前的根本原因。

缺乏改革的系统设计性和科学规划性。改革是一项复杂而系统的工程，涉及经济社会生活的方方面面，各种利益和矛盾相互交织，不从全局出发进行系统的设计和科学的规划是很难达到预期效果的。然而，由于特殊的历史和国情，在过去的改革过程中我们推行的以"摸着石头过河"为主要特征的零碎式改革策略，通过自下而上的方式，以"摸到的石头"为改革的切入点和突破口，从简单的问题先改先试，在推进局部改革发展的同时，从整个社会系统的角度来看也遗留了诸多问题和矛盾，这也引发了理论界的质疑与批评。

造成改革的主体瞻前顾后、无所作为。进入 21 世纪以来，我们的改革工作进入全面发展时期，除了经济领域的改革进入攻坚阶段外，各项社会事业改革发展也全面推进，改革逐渐步入深水区，改革所涉及的问题越来越突出，需要解决的矛盾越来越尖锐，改革遭遇的阻力也越来越大。特别是由于一直以来我们对这种"摸着石头过河"的改革方法的崇拜和依赖，在一定程度上也导致在某些官员身上存在"先摸石头"的路径依赖。因为对他们来说，任何偏离"摸着石头过河"的策略选择与行动都可能要承担巨大的政治风险，所以即便是步入改革深水区，在无石头可以摸的困境中也不敢越雷池半步，改革发展陷于进退两难的尴尬境地。

第三节　改革开放 30 多年来立法的经验
——以税制改革为例

改革开放 30 多年不仅是我国经济体制与社会改革的深化与转型，而且由于市场经济是法治经济，经济与社会的每一次改革与发展都离不开法律的引导、规范和保障。反映到税制改革领域，我国税制改革经历了从计划经济形态的法律理念和模式向市场经济形态的法治理念和模式的转变，经历了从税收法制的不成熟向税收法治体系的逐步完善。其中有成功的经验，也有不成功的教训。总结改革开放 30 多年我国税收法治的经验，反思我国税收法治建设的教训，必将促进我国税制改革的进一步深化和发展。

一　改革开放 30 多年我国税制立法的特色发展之路

税收是一个国家经济体制改革和经济发展不可缺少的手段，是一个国家实行宏观调控，促进社会公平正义的重要杠杆和渠道。任何一个国家的税收制度都是与该国的经济体制改革和经济发展密不可分的，税收制度的逐步改革与完善也必然随着经济体制的变革和经济发展态势的变化而进行必要的调整和改革跟进。我国法治建设经历了一段不寻常的发展之路，与此相随的我国税收法治建设也走过了一段有中国特色的税制改革发展之路。

（一）从无法可依到有法可依

税收作为国家进行宏观调控的一个重要杠杆，必须时时服从和服务于党和国家的工作重心与工作重点，税制立法改革和发展也必须围绕国家在一定时期的经济体制改革目标和特定经济发展任务而进行。回顾我国30多年的税制立法改革，始终是在不断解放思想、与时俱进的法治思维指导下，体现着政府与市场、政府与社会、中央与地方等诸多方面的基本关系，深刻影响着经济、政治、文化、社会、生态文明、国防等领域，在适应国民经济和社会形势以及改革开放发展需要的基础上，及时总结、反思新中国成立以来特别是改革开放以来税制建设的经验教训，探讨建设适应我国经济体制改革和社会发展需要的税收制度，充分发挥其在经济社会建设和国家治理中的基础性、制度性、保障性作用。

在计划经济条件下，国家与企业的分配关系主要体现在利润分配上。"文化大革命"期间，法律虚无主义盛行，"税收无用论"也成了一些人的口号，税收规章制度遭受严重破坏，税收法纪受到践踏，税收制度一简再简，税收功能和作用的发挥受到极大阻碍，税收管理体制也极度弱化。十一届三中全会以后，我国确立了对外改革开放、对内搞活经济的方针和策略，对新中国成立以来我国在税制建设以及税制立法方面的经验和教训进行总结，以更好地适应从计划经济向有计划的商品经济的过渡。逐步探索并确立了税制立法改革的指导思想，即从中国国情出发，按照经济规律办事，扩大税收在财政收入中的比重，充分运用法律的手段，极大发挥税收的经济杠杆作用，为我国的经济和社会建设夯实基础，提供服务。① 随着经济体制改革的逐步深化，以"利改税"为突破口的税收体制进入了工商税制全面改革时期，这一税制改革思路不仅在调整国家与企业分配关系方面迈出了重要步伐，而且有效地调动了企业的积极性，解决了企业吃国家"大锅饭"问题，对于搞活经济、推动国有企业改革以及我国整个经济体制改革起

---

① 中共国家税务总局党组:《与时俱进的三十年——中国税制在改革开放中不断改革和发展》,《经济日报》2008年12月17日第10版。

到了重要促进作用。① 改革开放后，为适应深化经济体制改革和扩大对外开放的新形势，我国的社会主义经济理论与实践有了重大发展和突破，为逐步推动恢复和完善税收立法与税制改革的全面展开提供了法律、政策依据，为我国在完善税制方面继续采取了一系列措施，提供了强大的理论武器。首先是要求新建立涉外税制，以所得税立法改革为突破口引领我国的税制法制建设步伐。1980年9月，第五届全国人民代表大会第三次会议审议通过了《中华人民共和国中外合资经营企业所得税法》和《中华人民共和国个人所得税法》，完成了我国第一次所得税立法。1981年12月，第五届全国人民代表大会第四次会议又审议通过了《中华人民共和国外国企业所得税法》。以所得税立法为契机，迈出我国规范立法，严格税法的关键一步，要求无论是新建立的涉外税制，还是恢复对涉外企业征收的老税种，必须是由立法机关直接立法的税制。对改革中新设立的对内资征税的税种，也逐步由颁布行政条例转为由立法机关授权立法，再过渡到由立法机关立法。② 其次，国务院决定从1984年10月起在全国实施国营企业"利改税"的第二步税收制度全面改革，发布了关于征收国营企业所得税、国营企业调节税、产品税、增值税、营业税、盐税、资源税等税种的行政法规。完善所得税制度、开征建筑税和固定资产投资方向调节税、开征奖金税，颁布实施国营企业工资调节税、集体企业和事业单位奖金税暂行规定，以加大对收入分配的调节力度。并对彩电和小轿车开征了特别消费税，加大对消费的调节力度，实现了改革开放以后税制改革的第二次重大突破。③

---

① 中共国家税务总局党组：《与时俱进的三十年——中国税制在改革开放中不断改革和发展》，《经济日报》2008年12月17日第10版。
② 韩绍初：《在改革中不断前进的中国税收》，《涉外税务》2008年第12期。
③ 中共国家税务总局党组：《与时俱进的三十年——中国税制在改革开放中不断改革和发展》，《经济日报》2008年12月17日第10版。

（二）从基本形成到走向完善

1978 年党的十一届三中全会后，为适应改革开放和社会主义现代化建设事业的需要，全国人大及其常委会大力加强立法工作。截至 1998 年 3 月第八届全国人大任期结束前，我国制定的法律基本覆盖了我国经济生活、政治生活和社会生活的主要方面，为形成中国特色社会主义法律体系奠定了基础。1997 年党的十五大报告首次提出"加强立法工作，提高立法质量，到 2010 年形成有中国特色社会主义法律体系"①。为此，第九届全国人大及其常委会加快了立法步伐，经过不懈努力，到第九届全国人大任期结束前，中国特色社会主义法律体系的各个法律部门已经齐全，加上国务院制定的行政法规和地方人大制定的地方性法规，中国特色社会主义法律体系已经初步形成。② 2002 年党的十六大报告重申"加强立法工作，提高立法质量，到 2010 年形成中国特色社会主义法律体系"③。为此，第十届全国人大及其常委会从一开始就明确提出了在任期内"以基本形成中国特色社会主义法律体系为目标、以提高立法质量为重点"的立法工作思路。以构建中国特色的社会主义法律体系为法治建设目标，税制立法也逐步建立和健全。自2003 年开始启动的新一轮税制改革，这是社会主义市场经济完善阶段的税制改革阶段。2003 年 10 月，党的十六届三中全会明确提出了"简税制、宽税基、低税率、严征管"的新一轮税制改革基本原则。从 2003 年以来，我国进行了一系列的税收制度改革和调整：完善出口退税机制；增值税转型改革的全面实施；内外企业所得税的统一；个人所得税的修订；农业税的全面取消；消费税

---

①　中共中央文献研究室编：《五大以来重要文献选编（上）》，人民出版社 2000 年版，第 33 页。

②　《全国人民代表大会常务委员会工作报告——2003 年 3 月 10 日在第十届全国人民代表大会第一次会议上》，《人民日报》2003 年 3 月 22 日第 1 版。

③　《十六大以来重要文献选编（上）》，中央文献出版社 2005 年版，第 25 页。

的调整和完善；证券交易印花税的与时俱进；土地增值税、资源税、关税、城镇土地使用税、耕地占用税等的调整以及车船使用税和车船使用牌照税的改革。经过30多年的税制立法建设与完善，中国已基本建立了一套适应社会主义市场经济发展要求的，以流转税和所得税为双主体的复合税收制度。目前我国税制的结构基本合理，税种的设置也比较符合我国国情，税种之间的协调配套功能也比较科学。而且税收法律法规的建设也在不断完善，在税收领域已初步实现了有法可依、有法必依、执法必严、违法必究，公民依法纳税意识大大增强，税法遵从度不断提高。①

（三）从注重数量到提高质量，从注重效率到兼顾效率和公平

立法是法治的基础，良法是善治之前提。"立善法于天下，则天下治；立善法于一国，则一国治。"改革开放以来，我国立法成就巨大，"无法可依"现象基本消除，从注重数量到提高质量，从注重效率到兼顾效率和公平，成为我国立法工作的价值取向和价值目标。当前，我国正以科学立法、民主立法为根本途径，不断深化立法改革、提高立法水平，从数量激增到质量飞跃的立法转型良景可期，从注重效率到兼顾效率和公平的立法目标逐步实现。②

改革的成果需要法律巩固，改革的深入需要法治保障。我国法律体系的形成过程，是与我中国社会发展尤其是改革开放的发展进程相呼应乃至基本同步的。改革开放以来我国的立法速度、立法数量世所罕见。我国用30多年的时间走完了西方发达国家300年的立法进程。可以说我们是一个名副其实的法律大国。

1978年十一届三中全会将民主法制建设提到崭新的高度。为

---

① 谢芬芳：《中国税制改革60年成就与经验》，《集体经济·财税金融》2009年第10期。

② 周立民、周立权、詹亦嘉：《开创法治中国新天地》，《发展导报》2014年12月30日。

了保障人民民主，必须加强社会主义法制，使民主制度化、法律化，使这种制度和法律具有稳定性、连续性和极大的权威，做到有法可依，有法必依，执法必严，违法必究。确保实现法律面前人人平等，不允许任何人有超越法律之上的特权。改革开放后新的历史时期，法制建设开端最明显的标志是 1979 年的大规模立法。1979 年第五届全国人大第二次会议对 1978 年《宪法》进行了第一次修改。大会创纪录地一次审议、通过了 7 部重要的法律，成为立法史上的奇迹，开启了中国社会主义法制恢复和健全之门。1980年，全国人大又对 1978 年《宪法》进行了第二次修改，表明国家重视建立法律秩序和民主程序的决心。此后的每届每次全国人大会议、每届每次全国人大常委会会议，都把立法当作重要或主要内容。1997 年，中共十五大确立了"依法治国，建设社会主义法治国家"的治国方略，我国立法进入了快车道，立法成就有目共睹。第九届全国人大常委会组成伊始，就明确提出在本届任期内初步形成中国特色社会主义法律体系的目标。这一届人大将立法视野拓展到全面架构社会主义法律体系。合同法、证券法、信托法等一批适应社会主义市场经济迫切需要的法律相继出台；专利法、著作权法、商标法等与世贸组织规则相衔接的法律得以修改。第十届全国人大从一开始就明确提出任期内"以基本形成中国特色社会主义法律体系为目标、以提高立法质量为重点"的立法工作思路，并以此指导立法工作。2010 年我国形成了以宪法为统帅，由法律、行政法规、地方性法规三个层次的法律规范构成的中国特色社会主义法律体系。①

二　改革开放 30 多年中国税制立法的主要经验

改革开放 30 多年的中国税制立法，几经改革与发展，与中国

---

①　毛磊：《中国立法转向攻坚克难期》，《人民日报》2008 年 11 月 19 日第 13 版。

经济、社会的发展和经济体制的变迁休戚相关。我国 30 多年税制立法改革的实践，取得了巨大的成就，积累了许多成功的经验，为今后的税制改革和完善提供了宝贵的财富。

（一）我国的税制立法始终是为了适应经济体制的变革和经济制度的变迁而进行的，这是我国税制立法的原始依据和基础动力

任何一个国家的税收立法都是服务于该国的经济体制和经济制度，是为经济社会发展和经济制度完善服务的。因此，税收立法的发展演进也必然随着经济体制的变革和经济制度的变迁而进行必要的调整和改革。新中国成立后的头 30 年，我国选择的是计划经济体制模式，因此，这 30 年的税制建立与发展都是紧紧围绕这种体制模式而进行的。伴随着改革开放，我国的经济体制开始由计划经济体制向有计划的商品经济体制转轨，为了调节各方面的利益分配关系，我国于 1983—1984 年分两步完成了"利改税"。1992 年党的十四大所确立的市场经济体制，使我国的税收制度在 1993 年又进行了一次全面的改革，这次改革就是为了适应社会主义市场经济体制的基本要求，建立与市场经济体制相适应的税收制度而进行的。

由此，我们得出结论，税收作为国家进行宏观调控的一个重要杠杆，必须服从和服务于党和国家的工作重心，税制改革也必须围绕国家在一定时期的特定经济目标而进行。如 1953 年的税制修正就是为了配合当年开始的对私改造和第一个五年计划的实施而进行的；[1] 1958 年的税制改革就是为了适应当年出现的国民经济"大跃进"和第二个五年计划的开始而进行的，改革开放初期的税制恢复与建设也是为了适应当时提出的"对外开放和对内搞活"的需要而完成的。尤其是 20 世纪 80 年代初期分两步完成的"利改税"，就是为了配合当时"对内搞活"，调整国家与企业和个人之

---

[1] 谢芬芳：《中国税制改革 60 年成就与经验》，《集体经济·财税金融》2009 年第 10 期。

间的利益分配关系而进行的。之后，我国税收制度的改革主要是
围绕建立健全社会主义市场经济体制、实行科学发展观、构建社
会主义和谐社会等党和国家的重大工作重心而不断进行的。1994
年我国正式对各省、自治区、直辖市以及计划单列市实行划时代
的分税制财政管理体制改革，是源于党的十四届三中全会确立了
我国"效率优先、兼顾公平"的收入分配原则。当时，我国正处
在社会主义市场经济发展的初期阶段，基于增值税具有税源稳定、
税基宽广、充分体现税收中性原则、避免重复征税等优点而大范
围地推行了这一税种，极大地促进了我国社会经济的发展。这是
我国遵循"效率优先、兼顾公平"这一治税理念的必然结果，其
根本原因还是由当时的生产力的发展水平和经济社会发展需要决
定的。

　　随着从"效率优先、兼顾公平"到更加注重"社会公平正义"
的转变，税制立法和治税理念也应适时转变。我国的税制立法和
治税理念从逐步注重"社会公平正义"，到旗帜鲜明地突出强调
"公平优先、兼顾效率"。这既是我国经济社会发展到现阶段构建
和谐社会的客观要求，也是税收本质属性的内在要求。因为，税
收法治不仅是实现收入社会再分配的重要手段，而且是实现社会
公平正义的重要渠道。

　　当前，我国新一轮财税体制改革的目标，是要建立"与国家治
理体系和治理能力现代化相适应"的新型财税制度，这与 1994 年
财税改革有很大不同。这因为经过 20 多年的发展，财税与老百姓
关系越来越密切，我们更加强化公共财政的职能。完善财税立法，
深化财税体制改革不应再是政策上修修补补，而是在原来的基础
上立足全局、着眼长远，进行税制立法制度创新和系统性重构，
这是我国财税体制改革适应国家治理能力和治理现代化的需要，
也是适应经济发展新常态的必然选择，更是税制体制改革主动进
行税收供给侧结构性改革的重大抉择。

（二）我国的税制改革必须有正确的理念作指导，这是我国税制改革成败的关键

在税制立法理念方面，要坚守和善用法治思维、法治方式，将其作为处理税收问题的习惯性思路，并使税制立法突破宏观调控法的表象，回归公共财产法和纳税人权利保障法的性质定位。由于税制改革作为财税体制改革的重要内容，不仅要调整和规范国家、集体和个人之间的利益分配关系，也要对国家与地区、中央和地方、国家与国家之间的税收权益进行分配和调整。因此，税制体制改革和税收法律机制的完善不仅影响纳税人的利益，而且还会影响到国与国之间的经济贸易和合作关系，税制立法的性质定位必须要摆正。由于我国经济立法的不同步，以及经济法体系的不健全，加之长期以来，税收管理理念占据主导地位，致使税制立法在很长一段时间内被视作行政法的一部分，作为行政管理的手段和依据。继而又被视作经济法的一部分。[①] 伴随着税收功能和作用的不断发挥，对其定位发生了根本性的认识转变，使其得以摆脱对行政法或者经济法的依赖，获得应有的独立法律地位，成了包容丰富而又自成一家的综合性法律体系。使公平效率、公开透明、公正法治等现代法治理念逐步渗透到税制立法的架构中和法律体系构建中，具有时代法治意义的税制立法已经成为当前税收体制改革的法律依据和支撑。

让法治成为税收的新常态，以现代法治理念推动我国税收法治体系的优化和完善。税收是经济发展的晴雨表，经济发展的新常态预示着税收新常态的到来，而法治化就是税收的新常态。新常态下，经济增长速度的放缓影响了税收增速的调整，税收增速调整又在一定程度上取决于经济增长质量的提高，同时又必然带来宏观税负的稳定，所以税收的合理增速也取决于减税政策的合

---

① 《李克强总理会见两会的中外记者并回答提问》，《人民日报》2013 年 3 月 18 日第 2 版。

理把握。我国目前有 18 个税种，从法律依据看仅有 3 个税种有法律支持。即仅有企业所得税、个人所得税和车船税三个税种的征管直接依据全国人大及其常委会通过的法律，税收立法任务相当艰巨。立法不是简单地将条例和暂行条例改为法，而是要在扫描各具体税收制度的基础之上，按照税收法治化精神的要求，重塑并健全税收法律体系。

随着我国经济体制改革和税收体制改革的不断完善，按照"十三五"规划实施纲要和我国税制体制改革的时代要求，特别是经济、政治、社会、文化和生态文明建设环境的变化，税种设置只有作相应调整，才能适应税种科学的要求。为此，就要在经济发展由高速增长转为中高速增长的背景下，在总量调整和结构调整的同时，实现税负联动，通过税制体制改革创新，全面提高财税资源配置效率。通过对地方性的税收优惠政策进行清理，通过合理设立税收优惠，营造有利于"大众创业、万众创新"的税法，积极发现、培植新的经济增长点。

增值税与许多税种相比，尚属年轻税种，但因税收中性和筹集税收收入上的突出优势，深受各国欢迎。"十三五"时期，增值税将全面取代营业税，重复征税问题将得到解决。消费税征税范围和税率水平都将进一步优化，既要为消费者创造更多的国内购物选择机会，又要在公共政策上实现其应有功能。绿色发展理念的落实需要形成包括环境保护税在内的绿色税制体系。适应国际税收新秩序建设的需要，企业所得税制将进一步优化。个人所得税分类与综合相结合的改革将稳步进行。房地产相关税种也将进一步优化。[①]

以税制结构的优化作为我国税制立法的价值选择。税制结构的优化主要表现在提高直接税比重的重要性上。逐步提高直接税

---

① 杨志勇：《找准着力点推进"十三五"税收制度建设》，《中国税务报》2015 年 11 月 11 日第 2 版。

比重，是税制改革的既定目标之一。目前，我国直接税与间接税的结构比例处于失衡状态，间接税比重过高，既会造成政府财政对间接税的过度依赖，增大财政风险，阻碍我国经济转型；又因为间接税的过重负担，企业会把税负通过价格转嫁给消费者，使产品的价格越来越高，导致整个市场商品的流通受阻。同时，由于过高间接税的比例支付，导致企业成本过高，也会让我们在国际贸易当中处于劣势，使消费外流的现象越来越严重。更重要的是，直接税比重过低，直接制约了税制整体调控功能的发挥，不利于实现市场经济效率与公平的目标。税制结构的优化是当前迫切需要解决的问题，但不能不考虑现阶段的经济条件和税收征管水平。无论如何，在近一段时期内，直接税还无法取代间接税的地位和作用。但从总体税收立法发展趋势和税制体制改革与完善来看，税收在宏观调控体系中的作用的进一步增强，需要得到个人所得税地位提升的配合。税收制度建设不仅要围绕国家治理现代化目标，更要体现治国理政的新理念、新思想和新战略。不仅要提供现代国家运行所需要的财政收入，而且要在经济、政治和社会等领域发挥税收应有的作用。要遵循税收规律，充分考虑经济社会转型期国家治理的复杂性，科学设计税收制度，并在税收立法中释放可能的治理风险，完成"十三五"税收制度建设目标。经济新常态下，建立以现代财政制度为导向的财税体制将成为进一步改革的重点，是全面深化改革的突破领域。

（三）依法治税、协调税收法律关系中各主体的利益

依法治税顾名思义就是征税机关要依照法律来征税。在过去的征税理念下，税法是政府用来管理纳税人的法律，强调税法的管理作用。在现代法治理念支配下，以法治视角看，税制立法不仅具有调控经济、组织分配的工具性功能，更是借助财政收入、支出和管理等手段，让私人财产与公共财政的边界得以廓清，实现个体权利与公共权力的协调和均衡，尤其是应保障处于弱势地

位纳税人的私权利免受征税方公权力的随意限制和侵扰。按照现代法治理念的精神要求，市场主体"法无禁止即可为"，政府部门"法无授权不可为"，税法理应成为授予、规范和监督政府征税权，保护和彰显纳税人合法权益的法律。在这个意义上，我们不仅需要认识和发挥税制立法的宏观调控效能，更需要透视和体现其民主内涵、权益维护的精神实质和价值目标，展现其作为公共财产法及权利保障法的双重作用，发挥其内在特性，凸显法治税收管理、民主税制立法的特殊要义以及公共财政的特殊目标和功能。①

　　党的十八届三中全会明确提出，我国全面深化改革的总目标是完善和发展中国特色社会主义制度，推进国家治理体系和治理能力现代化，突出强调了财政是国家治理的基础和重要支柱。这是中央着眼我国现代化建设全局做出的重要判断，也是对新一轮税制立法和财税体制改革提出的更高要求。未来的税制改革并不仅是经济体制层面的改革，已经上升到了国家现代治理的深度和广度。也就是说，未来的税制改革绝不能仅限于一个经济方面的考量，还被赋予了更多的政治意义、社会意义、法制意义，并使税收发挥其支柱性、基础性、保障性的功能。在推进国家治理现代化的大背景下，税收作为一种来源于社会的公共财产，既然来源于纳税人，最终也理应服务于纳税人，也必须体现纳税人的意志，才能最终发挥税收的效用和效能。未来的税制改革在难度和重要性方面较以往税制改革将会也理应有很大的难度和不同，因为以后的主要税种改革和税制体制改革将会是面向自然人的直接税改革。改革的最终目的和落脚点是使纳税人真正参与到国家治理中来，实现国家治理的真正落地，推进国家治理现代化、法制化。为此，纳税主体不再是依法治税的被动受体，而是权利主体和最终归宿。适应人民主体的法治时代和国家治理现代化要求，

---

①　刘剑文：《财税立法的性质定位要摆正》，《检察日报》2013 年 9 月 17 日第 3 版。

税制领域的立法理念就必须实现从权力本位到权利本位，从管理到治理，从法制到法治，从治民之法到治权之法。因为，按照法理的一般要义理解，任何法律都应当是各方意见达成妥协时的产物，这是民主的要求，也是法治的内在含义。那么税制立法事关千家万户的切身利益，紧密牵动着老百姓的经济"神经"，其对社会个体产生的社会影响可想而知。从每一次税收制度改革（如个人所得税、房产税、资源税、遗产税等）制度变迁所带动的热烈讨论和经济连锁影响就足以看出，一部税制法律的诞生必须综合权衡利益相关者的意见，并予以良好地协调和统筹。反观我国目前的税制立法状况，仍然缺乏一种常态化、规范化的民意吸纳机制，这意味着，税制立法的发展过程中还有待各种社会群体的广泛参与，需有更多的民主声音和民意参与。只有税制立法能够真正倾听民意，关注民生，做到取之于民，用之于民，税收法律才能得到广大民众的自觉维护和自愿遵从。因此，实行税收立法程序民主化，在税收立法过程中，既严格维护法律程序和法律尊严，又为各方利益主体积极地创造和提供一个自由表达、商谈博弈的开阔平台。凡涉及国家或政府拟对社会公民征税，应事先将法案交给社会公民讨论，或通过人民代表行使其权利，对拟定的纳税义务进行表决，以逐步形成立法共识，减少行政执法的风险和成本。提高税收的社会效能和财政保障职能，保证财税法律兼具民主、效率与公平，是当前完善和逐步改进立法机制的一个重点课题。

（四）完善立法，明确事权，改革税制，稳定税负，透明预算，提高效率

完善地方税体系，使地方在税收立法、执法和税源确立、收入分配等方面有更强的参与度，促进地方财力与事权相匹配。随着我国经济社会的不断发展和公共财政体制的健全，地方政府要求培育地方支柱财源，尽可能增加地方本级收入，以满足地方公

共支出需要。基于此，十八届三中全会明确提出"完善立法、明确事权、改革税制、稳定税负""发挥中央、地方两个积极性""完善税收政策，建立事权和支出责任相适应的制度"的基本要求。这是我国当前新一轮财税体制改革的基本思路。"十三五"时期是我国全面深化改革的重要时期，也是全面建成小康社会的决胜阶段。按照"十三五"规划实施纲要的精神要求，深化财税体制改革，建立税种科学、结构优化、法律健全、规范公平、征管高效的税收制度，这是我国当前税制改革最紧迫的任务，也是最严峻的挑战，为此，我们既要找准着力点，又要选好切入点，深化财税体制改革。

我国现行财税体制存在很多漏洞和不足：一是税权划分不清，在现行税收法制体系下，现行分税制让越来越多的财政收入掌握在中央政府手中，只是将某些税种以及共享税的部分收入划归地方，并把相应的收入安排、使用权也划归地方，但税收立法权、开停征权、政策管理权却属于中央。而地方政府随着经济发展、社会转型和政府职能转变承担了愈来愈多的事权，财力与事权不相称的矛盾日益突出。为了弥补亏空，这就迫使地方政府谋求通过其他渠道来增加收入。其中，以土地出让金为主的土地收入俨然成为地方的"第二财政"。自 2002 年开始，土地出让金收入对地方财政的贡献率高于 20%，在有的城市，地方财政中的土地出让金占比甚至超过一般性财政收入，达到 50%—60%。地方政府严重依赖卖地收入，在增加地方政府可支配财力、推动地方经济发展和城市化进程的同时，也带来了超前过度攫取土地资源、侵害城乡居民尤其是农民的利益、推高住房价格以及催生"寻租"腐败等一系列恶果。除了依靠"土地财政"，地方缓解财政压力的做法还包括大量发行政府债券和对财政转移的依赖。这势必影响各级地方政府税收征管工作的开展。二是税种不明确。在我国现行征收的地方税种中，比较大的税种只有营业税、企业所得税（含外

资企业所得税）和个人所得税（含居民储蓄存款利息个人所得税）
3 个税种，而且这 3 个税种还不能称为完全意义上的地方税，如营
业税目前已改为增值税。服务业的营业税为地方政府提供了一个
宝贵而又可靠的收入来源。通过对服务业征收营业税，地方政府
可以将这部分税款全部收入囊中。为此，有些地方政府担心，一
旦"营改增"，就会像增值税那样，地方政府只能拿到 25% 的税
收，其余要上交中央。为了消除地方政府的担心和疑惑，"营改
增"在实行新税制后，地方政府会获得税收的一半而不是 25%。
此外，财政部承诺会通过转移支付来确保地方政府不会因为新的
税制而减少收入。这是我国对影响和制约了地方政府财政资源配
置和调节能力的一种逐步改进和完善。三是税种老化、内外不一。
我国现行的地方税中有些是 20 世纪 50 年代初使用的税种，相对新
一点的税种也是 20 世纪 80—90 年代制定的，过于老化。甚至有些
地方税种仍实行内外两套税制（如车船使用牌照税、城市房地产税
等），不利于创造一个公平税负、平等竞争的投资环境和税收环
境，也不利于我国税制与国际税制接轨。国家治理最主要的是对
地方的管理，因此，稳定地方税制至关重要。税制立法应坚持从
我国基本国情出发，以"稳定税负""保持中央和地方现有财力格
局总体稳定"为主旨，贯彻兼顾税收效率与税收公平的原则，科
学选择地方税主体税种，健全主辅税种合理配置、收入调节功能
互相协同的地方税体系，健全地方税收体系，合理划分税权，保
障地方利益，使中央和地方的关系更加法制化，使税种定位更加
科学，税收结构更加合理，税收管理信息技术更加现代化，税收
执法更加规范化，税收体制机制设置更加科学合理。从而在深化
税收制度全面改革，完善地方税制体系等各个方面整体布局、相
辅相成，以实现最终的税制改革目标。

（五）以法治规范改革行为，以法治引领改革进程

法律健全是现代税制不可或缺的内容。《立法法》对税收法治

化提出了明确要求。当前税收法律体系还不够健全，我国确定在 2020 年基本实现税收法定目标。立法要适应并服务于经济社会发展和改革开放的需要，是中国 30 多年立法的基本经验。法治是治国理政的基本方式，也是全面深化改革的基本遵循。改革越深入，越要强调法治。越是重大改革，越要法治先行。改革的过程，就是法治信仰根植、法治方式确立、法治权威强化的过程。按照十八届三中、四中全会精神的要求，凡属重大改革要于法有据，确保在法治轨道上推进改革，需要修改法律的可以先修改法律，先立后破，有序进行；有的重要改革措施，需要得到法律授权的，要按法定程序进行，不得超前推进，防止违反宪法法律的"改革"对法治秩序造成严重冲击，避免违法改革对法治的"破窗效应"。

　　习近平总书记明确要求，在整个改革过程中，都要高度重视运用法治思维和法治方式，发挥法治的引领和推动作用。在改革开放初期法治基础缺乏、法律体系尚不完备的条件下，我们提出了要"摸着石头过河"，先探索实践、试点试验，改革成果经过检验后，再通过立法予以确认。这种政策推动型的改革在当时特定历史条件下有其合理性和必要性，也发挥了积极作用。但随着依法治国基本方略的全面落实，实践先行、立法附随的改革模式也日益显现出弊端。改革与法治长期处于紧张状态，在一定程度上损害了法律的权威性，并导致"改革就是要突破现有法律"的认识误区，一些人打着改革的旗号理直气壮地绕开法制甚至冲击法治。随着中国特色社会主义法治体系的形成和各方面制度体系的成熟，我们有条件也有必要从政策推动改革转变为法治引领改革，实现改革决策与立法决策的协调同步。现代税制容不得随意性，规范的税制意味着税收优惠有章可循，税收征管不可随意操控，更容不得税负的任意调节。规范才能带来公平，公平的税制要求法律的规范和引领，才能保障税收促进社会公平正义目标的实现。为此，立法不仅仅是对实践经验的总结，更要通过立法转化"顶层设计"、引领改革进程、推动科学发展；立法不仅仅是对实践的被动回应，更要对社会现实和改革进程进行主动谋划、前瞻规划和全面推进。

我国的立法者清楚地认识到，应当坚持立法与改革发展和现代化建设进程相适应，为改革发展和现代化建设创造良好的法治环境；应当认真总结改革开放和现代化建设的基本经验，把实践证明是正确的经验用法律肯定下来，巩固改革开放和现代化建设的积极成果，保障和促进经济社会又好又快地发展。对于那些应兴应革的重大决策，尽可能做出法律规范，力求用立法引导、推进和保障改革开放和现代化建设的健康发展。采取积极、慎重的方针，严肃立法，成熟一个，制定一个，不成熟或没有把握的，不勉强制定，避免束缚改革的手脚，或因仓促制定，被迫频繁修改，要使制定的法律具有稳定性和权威性。对于立法中遇到的问题，要区别不同情况做出处理：改革开放实践经验比较成熟的，通过立法加以深化、细化，做出具体规定；改革开放实践经验尚不成熟，又需要规定的，立法做出原则规定，为进一步改革发展留下空间；对于实践经验缺乏，各方面意见又不一致的，暂不规定，待条件成熟时再行立法。

税制立法作为财税体制改革的重要保障和主体内容，更要注意处理好与改革之间的关系，确保促进税制改革既按照预期目标推进，又适应国情特点、便于公众接受。在税制立法过程中，涉及税种体系的"顶层设计"，需要统筹兼顾财政收入的持续稳定增长、财政支出的刚性增长和税收调节职能的发挥，对现行税制体系中的 18 个税种进行简并归类、优化重组，并根据经济社会发展情况和税制改革要求适时开征新的税种。但是，在税制立法过程中关于税种的设计，到底是先走立法论证程序还是先走改革完善路径，或者同步推进，需要因税而异、区别对待。对于那些征税条件、环境和技术相对成熟以及与经济发展和百姓生活密切相关、社会关注度高、新开征的税种，如房地产税、环境保护税，应在税收立法上因势利导，顺势而为，成熟一批，立法一批；对于社会争议较大、征管条件尚不具备的新税种，如遗产税，暂缓立法；对于暂不合适立法的旧税种可以先通过改革路径加以完善后再择机立法。

第二章

改革与立法之间关系的理论分析

第一节　地方试验主义治理的合法性分析

习近平总书记在中共中央全面深化改革领导小组第十七次会议上的讲话指出，全面深化改革任务越重，越要重视基层探索实践，要把鼓励基层改革创新、大胆探索作为抓改革落地的重要方法。① 基层探索实践是推进我国全面深化改革的永恒宝库和不竭动力，也是促进国家治理体系和治理能力现代化过程中不可或缺的重要环节。在学术框架中，基层探索实践往往被称为"地方试验主义治理"，该概念自 20 世纪中后期开始，逐渐在世界范围内发展完善，成为具有深刻理论意义和实践意义的重要治理理论；进入 21 世纪，"地方试验主义治理"的内涵随着时代要求不断丰富，其中最为重要的一点便是"地方试验主义治理"的合法性要求被不断挖掘。当前，在"四个全面"的战略布局下，全面依法治国与全面深化改革之间相辅相成、相互促进、相得益彰，共同发展，"切实提高运用法治思维和法

---

① 该讲话还在问题导向、"顶层设计"、经验总结、政策配套、考核评价和激励机制等方面提出了具体的要求。参见新华网（http：//news.xinhuanet.com/politics/2015-10/13/c_ 1116812201.htm）。

治方式推进改革的能力和水平"① 进而成为全面深化改革的重要要求。因此，在推广和鼓励我国基层探索实践的同时，必须首先寻找"地方试验主义治理"的合法性内涵，以法治为框架，以法治为保障，促进基层探索实践在全面深化改革进程中发光发热。

一　地方试验主义治理的兴起和发展

所谓"试验"是指，在特定的时间或空间范围内试行某一法律或行政的措施或机制，并通过科学评估来检验其有效性和妥当性，从而将检验合格的措施或机制推行全国。② 20世纪以来，随着国际社会局势、现代社会发展等多方面因素的复杂化，世界上不少国家和国际组织，开始尝试在社会生活的一些方面采取"试验"的方法，以期以点带面，寻找宏观政策的灵感，产生了大量的"试验"实践。③ 这些"试验"实践逐步积累和优化，形成一些重要的经验；与此同时，学界也对这些"试验"的理论内涵进行了深入的探讨，为类似模式在未来的普及和发展奠定了坚实的基础。

"试验主义治理"（experimentalism governance，EG）或"试验式治理"（experimentalist governance）理论，因近年来在欧盟治理

---

① 《习近平：运用法治思维和法治方式推进改革》，新华网（http：//news.xin-huanet.com/politics/2014-10/28/c_ 127149050.htm）。

② 王建学、朱福惠：《法国地方试验的法律控制及其启示》，《中国行政管理》2013年第7期。

③ 以单一制国家采取地方试验的方式进行改革和创新为例，20世纪采取此种方式的国家和地区覆盖面较广，从拉丁美洲、加勒比地区到中欧、东欧地区都有涉及。See *Innovations and risk taking*：*The engine of reform in local government in Latin America and the Caribbean* The World Bank，1997；Giguère，S.（ed.），*Local Innovations for Growth in Central and Eastern Europe*，Local Economic and Employment Development（LEED），OECD Publishing，Paris，2007。

中的广泛实践，在欧洲得以较为全面完整的论述。① 在这些研究中，学者的观点主要分为三个方面：第一，研究"试验式治理"的特点，以扬长避短，优化治理模式；第二，研究"试验式治理"的前提条件，讨论"试验式治理"所适合的社会环境，以更好地扩展其适用范围，让更多国家和人民受益；第三，寻找"试验式治理"的内在逻辑，试图发掘其本质价值及其在政治、法治上的独特意义。在这之中，第一方面的研究最为充分，概括而言，欧盟试验主义治理的特点主要有四个方面，包括大框架下的目标一致，给予地方参与者一定的自由裁量权，地方各自的努力要经过比较分析和评价，以及需根据实践经验的比较结果对地方计划和中央计划同时进行修正等，四个特点强调的是治理结构中的双方（地方和中央）均应从对方的角度观察、相互探讨。② 而对于第二方面，也就是"试验式治理"的前提条件研究，学者的观点一般是强调"试验式治理"只有在一个完备的、自由的、民主的宪法体制下才能焕发出自身的活力。③ 在第三方面"试验式治理"的内在逻辑上，由于当前欧盟的实践并没有达到特别深入的阶段，一些基本原则和要求尚未上升到国家理论层面，因而研究相对单薄；而又由于欧盟自身结构的独特性，国际法在这个方面有所涉猎，"试验式治理"在全球治理模式的理论体系中仍有一席之地。

　　欧盟在"试验主义治理"上的理论和实践成果对主权国家的内部治理具有很强的借鉴意义。事实上，国家层面的"试验主义治理"早在欧盟开始大规模兴起前就已然开始发展，并取

---

　　① *Regulation & Governance* 等期刊上有大量关于 EG 的研究成果，2010 年前后，也有许多关于 EG 的学术会议和著作。

　　② Sabel, C. F. & Zeitlin, J., "Experimentalism in the EU: Common ground and persistent differences", *Regulation & governance*, 6, 410-426 (2012).

　　③ Kumm, M., "Constitutionalism and experimentalist governance", *Regulation & governance*, 6, 401-409 (2012).

得了一些发展上的成果，不过，国家层面的实践由于目的、决策过程的特殊性，必然与欧盟层面的实践展现出不同的特点。另外，"试验主义治理"一旦进入主权国家领域，将会深刻影响中央与地方关系、法律与政策关系等国家基础结构，必将对宪法权威产生挑战。所以，欧盟的研究成果，虽然可以在"试验主义治理"的发展方向和条件上给予我们一定的启示，但在试验本身的正当性、合法性上，主权国家的"试验主义治理"理论还须另辟蹊径。

对主权国家而言，"地方试验主义治理"是一种国家治理的模式。正如全球治理委员会在以"我们的全球伙伴关系"为题的研究报告中所述，治理是过程，而非活动或者规则，是协调而非控制和强迫，是公共部门与私人部门的持续互动。① 这种国家治理模式本身，既包含了治理主体之间的关系，又包含了治理客体和主体的互动，还涵盖了整个治理过程中的特殊规则和运行机制。"地方试验主义治理"不同于地方自主或地方自治，也不等同于简单的地方规制，它并非以政治建构为核心，而是以地方和中央的良性互动机制为核心；它也不仅是上、下级政府之间简单的政令交换，而是一种现代观念下央地、府际关系的新思维。

这一模式合法性的核心元素在于地方试验权的授予与运转。在一些地方试验运用较为成熟的国家和地区，地方试验权已经获得宪法典的确认，如法国于 2003 年 3 月进行了宪法修改，对地方试验权做出了明确的规定，这种从宪法层面对地方试验权的肯定直接赋予了地方试验主义治理模式的合法性，并指导相应宪法性

---

① See The Commission on Global Governance *Our Global Neighbourhood*: *The Report of The Commission on Global Governance*, Oxford University Press, 1995, p. 23.

法律的完善,① 为地方试验权的有效运转确定法律依据、划定权力边界。

然而,并不是所有的国家都有条件先在宪法层面确立地方试验权的合法性再进行地方试验的实践,恰恰相反,即使在法国,也大都是先实践,再将实践中产生的经验写入宪法典。对于没有宪法明文授予地方试验权的国家,由于治理环境的紧迫性而采取地方试验实践的合法性,因而也不能仅因形式上的欠缺而进行简单的否认。

二 地方试验主义治理的合法性判断

从政策学的实然角度来看,地方试验主义治理模式为所在国家提供了较多方面的利好。从正面讲,它可以使某一措施或机制"在推行全国之前得到改善";从反面讲,它可以"消除大众对制度变革的恐惧和不安"。② 国家的掌控能力有限,而居于国家治理一线的地方,在面对一些具体的政策问题时,往往显得更活跃、多样、更具有创造力。在服从国家监督的前提下,由地方进行合理的试验,可以最大限度地促进国家体制的完善。③ 从纯粹实质效用的意义上来看,地方试验主义治理在本质上是与地方自治相通的,因而可以解释为何地方试验主义治理较为发达的国家一般具

① 为了将法国 2003 年的宪法修改目标落到实处,随后先后出台了四部宪法性法律,分别为 *Act 2003-705 of 1 August on local referendums*, *Act 2003-704 of 1 August 2003 on experimentation by administrative subdivisions*, *Act 2004-758 of 1 August 2004 on revenue-sharing for the administrative subdivisions*, *Act of 13 August 2004 on local government powers and obligations*。其中第二部专门关于地方试验的组织法,为地方试验设立了严格的条件。See LOI organique n° 2003-704 du 1er août 2003 relative à l'expérimentation par les collectivités territoriales, Article 1 Chapitre III. From LegiFrance。

② 王建学、朱福惠:《法国地方试验的法律控制及其启示》,《中国行政管理》2013年第 7 期。

③ 王建学:《论我国地方试验制度的法治化》,载莫纪宏、谢维雁主编《宪法研究》(第十卷),四川大学出版社 2009 年版,第 65 页。

有较为完善的地方自治机制。但是，正如前文所述，相较于地方
自治更偏重于政治建构的倾向，地方试验主义强调的是治理机制
的优化，即"治理"意义上的合法性，而非政治学意义上的合
法性。

政治学意义上的合法性（legitimacy）研究自古以来，就为历
代政治哲学家所探讨，中西方古代关于统治的著述①、封建社会
时期"天命论"和"君权神授论"的盛行，以及人本主义兴起后，
霍布斯、洛克、卢梭等关于"社会契约论"的叙述，乃至马克思
主义理论家关于意识形态及"领导权"（hegemony）②的观点，在广
义上都可以归为政治学意义上的合法性范畴。政治学意义上的合
法性判断，不可避免地会深入政治哲学领域，关注价值、流派、
思潮等各方面因素。而地方试验主义治理，只作为新时期国家治
理模式的一种尝试，从现阶段的发展来看，并未深入国家基本制
度的核心和根本环节；论证地方试验主义的合法性，也并不是在
哲学根源上遭遇了合法性的阻碍，只是在治理实践的表层需要对
可能与宪法产生的冲突进行解释。因此，"治理"意义上的合法
性更多存在于规范层面或者社会学层面。规范意义上的合法性强
调该主体自身拥有统治的权力，社会学观念上的合法性强调治理
主体被"普遍认为"拥有统治的权力。③这种对治理主体和治理
对象进行二分思考的合法性论证方法，也与哈贝马斯对于行为的
合法性（legality）和法律本身的合法性（legitimacy）的二分，④以及
马克斯·韦伯对合法性的客观因素和主观因素（法教义学意义上的

①　如古代中国讨论"国之大事，在祀与戎"《左传·成公十三年》；或古希腊柏拉
图《理想国》中关于哲学家治国等。

②　［意］葛兰西:《狱中札记》，葆煦译，人民出版社1983年版。

③　Buchanan, A. & Keohane, R. O., "The Legitimacy of Global Governance Institu-
tions", *Ethics Int. Aff*, 20, 405-437 (2006).

④　See Jùrgen Habermas, *Between Facts and Norms*, Cambridge, Massachusetts: The
MIT Press, 1996, pp. 135-136.

合法性，哲学意义、法社会学意义上的合法性）的二分是一致的。①

从法学立场上解读地方试验主义治理二分的合法性，更多是在规范意义上进行宪法解释，这种宪法解释是实然层面的，主要针对地方试验主义治理所在国家已然实践的内在权力结构和权力配置；②但法学并不排斥社会学层面对合法性的思考，其虽不会从法理视角深入到政治哲学领域的正义观，涉及一些道德立场也是不可避免的，故而，我们需要一种对多种道德立场均能兼容的合法性标准，同时，这个标准却没有正义标准那么严苛。③综合这两个层次的考虑，关于治理模式的合法性判断标准可以总结出三方面的学说。

第一是工具主义说。即地方试验主义治理本身并不具有独立的意义，无论采取怎样的治理手段，其最终都是作为公权力行使的工具，归根结底是中央权力行使的工具。在该学说视角下，强调地方治理实践需严格符合中央权力行使的有关规范，要求一种绝对意义上的"法无授权不可为"。只要地方试验中采取的措施没有中央规范的明确规定（或者超出宪法授权的范围），即不满足合法性要求；或者换言之，对于改革中出现的新问题，可以经过法

---

① 合法性的客观因素主要指服从的习惯或习俗以及强制性的法律的存在，主观因素指被统治者形成了对统治者的服从义务。参见马克斯·韦伯《经济与社会》（上卷），林荣远译，商务印书馆1998年版，第64页。

② 此处强调实然层面的宪法，而非规范意义上的宪法，主要是因为本书主要针对我国地方试验主义治理进行研究，而我国宪法实践具有其特殊性；当然也不排除在进行其他国家地方试验主义治理研究时也须应其宪法发展的特殊性进行适配的调整。正如"每个相对长期存在的国家，不论其结构组合和治理是否为你所欲，都必定有其内在结构和相应权力配置，都有其制度逻辑，这就是我要研究的实在宪法。"苏力：《当代中国的中央与地方分权——重读毛泽东〈论十大关系〉第五节》，《中国社会科学》2004年第2期。

③ Buchanan, A. & Keohane, R. O., "The Legitimacy of Global Governance Institutions", *Ethics Int. Aff.*, 20, 405-437 (2006).

定程序以宪法修正案的形式解决，不可期望法外解决。[①] 这种观念严格限制了法律实践中的弹性空间，置法律解释于不顾，忽略了合法性的本质，为现代社会的法治发展观所不容。

　　第二是政府效能说。即地方试验主义治理是提高政府效能的重要方式和手段，如果地方试验主义治理能够在根本上提高政府效能，那么地方试验主义就可以被认为是合法的。随着时代的进步与发展，瞬息万变的国内、国际形势强烈冲击着政府的合法性和与此相关的结构、功能与过程，使"政府效能"成为前所未有的检验政府合法性的决定性因素。[②] 该学说认为，一切能够带来政府效能提高的治理模式，都是具有目的合法性的治理模式，地方试验主义在经验主义上确实能够提高政府效能，因而是具有合法性的。该观念在工具主义的基础上前进了一步，使治理拥有了独立的立场和价值；但其对治理属性的把握过于片面，治理是一个涉及多主体、具有互动性的过程，仅仅将治理合法性的判断限定于政府层面，而忽略了政府之外其他的治理主体，例如公民、组织等，是不全面的；同时，治理本就是一个认知、互动、修正的过程，除了治理主体和治理结果以外，治理规范、治理职能、治理机制，都将对治理的合法性产生深刻影响，必须进行考虑。

　　第三是公益优先说。强调在社会公益存在帕累托意义上的效用增加时，不应受到法律的限制，自然是具有合法性的；具体而言，对于地方试验主义，如果既找不出法律上承认的受害者，而受益者又大有人在，那么就是地方试验而不是既定的宪法或法律代表了社会进步的方向，法律乃至宪法已人为构成了社会发展的障碍。该学说拒绝形式主义和教条主义的宪法解释，避免用静止

---

①　张少瑜:《宪法学研究述评》,《法学研究》1995 年第 1 期。

②　Gerard Elfstrom, *New Challenges for Political Philosophy*, London: MaCmillan Press LTD, 1997, p. 6.

以至过时的理论去约束不断发展的现实。① 公益优先说比政府效能说更进一步，强调了治理的实质优先于治理的法定形式。这一学说在某些历史阶段具有无可挑剔的优越性，该学说的框架可以让改革不受落后法律体系的藩篱，统治者可以大刀阔斧地推动各个方面的改革，特别是一些重点领域的改革，例如经济建设、政治建设等；但其也拥有一个天然的理论缺陷，那就是改革到了深水区，不可能所有的地方试验都构成帕累托的改进，更多情况下某一方面利益的提高必然会导致另一方面利益的减少，而放眼现代社会，更多国家已经进入了这个阶段，因此这种论证方式也是不合时宜的。

综上所述，这三类学说各自具有不同的特点，但也存在明显的缺陷，故而我们不能采取绝对独立的、简单的合法性标准，而应当充分吸取各类学说中的可取之处，归纳出一个复合的合法性标准，并在对地方试验治理模式进行判断时结合具体治理情况具体分析。整合以上学说，笔者认为该复合性的合法性标准，至少应包含以下三点：第一，对最基本权利和义务的尊重性；第二，自身发展的自治性和可持续性；第三，与政治社会环境的整体协调性。下文将以我国地方试验治理实践为例进行具体的分析和评价。

三 我国地方试验治理实践的合法性探讨

将前述复合型的地方试验合法性评价标准放诸我国治理实践，可以帮助我们重新认识这些实践中的法律问题本质，并且对当前我国纷繁复杂的地方试验治理模式有一个类型化的理解。需要指出的是，上述概括出的三点标准要求，只能是满足合法性的必要条件，而非充分条件，即，不满足任一条件则不符合合法性的要

① 张千帆：《宪法变通与地方试验》，《法学研究》2007 年第 1 期。

求，而同时满足三条在很大程度上可以认为符合合法性，但并不排除因为违反别的重要标准而丧失合法性的可能。

第一，对最基本权利和义务的尊重性。在本节开头处论述到，地方试验主义治理合法性的核心元素在于地方试验权的合法性。地方试验权，在我国也被很多学者称为试错权、先行先试（免责）权。"试错权"是一个包括法律授权、政策支持等内容的综合体系，为的是创造一个鼓励改革创新的氛围和环境，包括先行立法（规定）权、变通规定权、责任豁免权等。① 这些权力，无论披上怎样的政策外衣，都具有公权力的本质。② 而对于公权力而言，在现代社会强调社会契约、法治国家环境下，无论采用怎样的立法和解释技术，其必须在宪法的框架下行使。写入现代宪法中的可以直接影响公权力行使的规定可以分为两大类：公民的基本权利义务以及国家的基本组织框架（可以视作国家权力和义务），因此，地方试验权行使的底线，也是地方试验权合法性的最核心标准是保证其行使不构成对以上要求的违反，这也是现代行政法中"法律保留"原则③的精义。但是"违反"一词的理解，也不能仅作最狭义限度的解释（与规定不一致即构成违反），必须结合立法目的、法律体系以及具体行为的特征，做出符合权利义务结构背后内涵的实质解释。

例如，某些地区进行的房产税开征试点措施，超出了宪法对全国人大关于最基本法律的制定权授权（通过《立法法》"税收法定原则"的描述具体表现出来），剥夺了公民自由支配其财富的权

---

① 肖明：《"先行先试"应符合法治原则——从某些行政区域的"促进改革条例"说起》，《法学》2009 年第 10 期。

② 公权力，其对应的英文概念可以有 public power，political power，authority political 等，有伦理、法律、政治三个层面的含义，书中所述的地方试验权显然满足这三个层面的框架。参见［英］沃克编《牛津法律大辞典》，李双元等译，法律出版社 2003 年版，第 90 页。

③ 黄学贤：《行政法中的法律保留原则研究》，《中国法学》2005 年第 5 期。

利，侵犯了公民的财产权，进而违反了宪法最基本的规定，所以不具有合法性；相反，一些地区进行的参与式预算改革①、基层民主选举模式②改革，这些试验常常被一些学者评价为"具有中国乡土特色的社会主义民主创新"，它们虽然与宪法(或者《预算法》、人大的组织法等) 明文规定的预算程序、选举程序有所不同，但在实质上比宪法规定的程序更能够落实公民政治权利，是以一种更加严格、接地气的模式完成宪法关于民主的要求，因而并不违反宪法关于公民权利义务以及国家权力结构的规定，具有合法性。

　　第二，自身发展的自洽性和可持续性。地方对自身治理空间具有较强的认知优势，与治理群体之间更易产生互动，进而可以因地制宜、因时制宜，对治理机制进行批判性的修正，优化治理方式，这是地方试验主义治理在合理性上最大的优势，也是地方试验主义治理的优越性所在；然而，地方尤其是基层政权往往站在社会问题的风口浪尖，地方政权的生命力嵌入社会之中，③ 地方治理本身就并不是一件易事。地方试验主义治理首先是地方治理，其次才是基于全国角度全盘考虑的试验模式，如果想要通过地方改革试验的方式，在国家能力提升、社会组织建设、公民意识塑造、弥补中央治理缺陷等方面④找到一条合适的进路，这个试验本身就必须具有发展的自洽性和可持续性。在这个角度上，地方试验主义治理的合法性与试验本身的合理性密不可分，如果一项地

---

　　① 例如浙江省温岭市针对预算公开采取了一系列实质性改革，在人大层面引入公众参与协商、谈判，从最初的民主恳谈发展到新河镇的预算民主恳谈，最后逐渐扩大范围、提升级别，取得了较好的成果。参见李凡主编《温岭试验与中国地方政府公共预算改革》，知识产权出版社 2009 年版。

　　② 例如四川省遂宁市步云乡 1999 年开始采取竞争性方式直接选举乡长，以及其在 2001—2002 年开展乡长的半竞争性直接选举。See Ann Florini, Hairong Lai, and Yeling Tan, *China Experiments: From Local Innovations to National Reform*, Washington, D. C., Birookings Institution Press, pp.62-63。

　　③ 周尚君:《地方法治试验的动力机制与制度前景》,《中国法学》2014 年第 2 期。

　　④ 周尚君:《国家建设视角下的地方法治试验》,《法商研究》2013 年第 1 期。

方试验主义的措施缺少了必要的科学性和适当性，在目的或者手段上不符合社会客观规律或者比例原则，一方面，该措施往往难以为继，经受不住时间的考验，根本不可能被宏观上的国家治理所吸收，事前试验费时费力，多此一举；另一方面，还将带来较大的地方矛盾，破坏地方治理的和谐，与政策目标背道而驰。有学者提出，地方试验在注重解决具体实践问题的现实主义策略的同时，必须具有强有力的和极其明确的发展目标导向，包括养育公民、激活社会、重塑政府等，[1] 这一论断在治理可持续性的语境下，对于地方试验主义的合法性建设也是十分中肯的。

　　事实上，我国在改革开放中采取的一系列地方试验措施，正是因为符合了地方治理自身发展的规律，进而取得了较好的实验成果，使得相应的改革经验得以扩展到全国层面，形成蓬勃发展的改革样貌。在物质条件较为艰难的时代，注重经济建设的核心要求、提高社会生产力是保障地方治理可持续发展的第一要着，因此以家庭联产责任承包制、对外开放等调动生产积极性、先富带后富的试验方案取得了优异的成果；而到了物质条件逐渐改善、各种各样的社会问题逐渐显现出来的今天，经济建设固然重要，但在经济建设的同时，民主法治、社会文化、市场规律等其他因素也不可忽视，因此，现阶段符合发展规律的地方试验方式往往要求具有治理的全局性和综合性，例如当前广东采取的第三方评价地方政府绩效方式，[2] 打通了经济建设和其他方面的治理，通过绩效评价这一公民政治参与的实现手段，提高了政治民主，为建立起回应型的政府奠定坚实基础，同时为全国层面的政府绩效考

---

① 周尚君：《地方法治试验的动力机制与制度前景》，《中国法学》2014年第2期。
② 广州采取一种独立的、基于公众满意导向的评价指标体系，将评价范围覆盖全省、优化评价路径，定期公开结果。郑方辉、张文方、李文彬：《中国地方政府整体绩效评价——理论方法与"广东试验"》，中国经济出版社2008年版，第340页。

评积累了经验、提供了个案和有益突破口。① 这一基层实践，把握国家和地方发展的核心思路，尊重地方治理的基本规律，是具有可持续性的地方试验模式的典型代表。

第三，与政治社会环境的整体协调性。研究表明，当社会现象或社会问题超越了当时人们的认知结构时，人们对问题的认识就处于迷茫状态，处理问题的方式就必然表现出强烈的"试错"特征。② 试错是在未知状态下进行尝试的必然阶段，但是地方试验主义治理不是一个简单的试错过程，而是一种综合考虑各种因素的治理智慧，地方试验对于国家治理具有牵一发而动全身的地位。一方面，地方试验是有关措施在全面层面推广之前寻找灵感、积累经验的必经之路，也会很好地避免失败的改革在全国范围内产生难以估量的后果；另一方面，如果地方试验的治理方式仅仅符合当地特色、并不具有可推广性，也可以很好地发挥地方在自治上的主动性，避免中央做出全国"一刀切"的规定。③ 这种地方试验与国家治理之间的互动性，也侧面反映出地方试验本身与宏观政治社会之间的协调关系，强调地方试验始终是国家治理体系中的有机组成部分，与国家建设思路、国家改革重心以及其他领域的治理策略保持一致，在具体领域达到一种动态的平衡。

在新中国成立后很长时间，我国在众多领域需要推行改革，毛主席提出的"中国是一个大国——'东方不亮西方亮，黑了南方有北方'，不愁没有回旋的余地"④。其思路为这些改革的顺利进行提供了地方试验这个重要的突破口；改革开放时期，中央带动经济增长动力不足，此时邓小平强调中央向省级地方放权让利，从

---

① 郑方辉、张文方、李文彬：《中国地方政府整体绩效评价——理论方法与"广东试验"》，中国经济出版社 2008 年版，第 340 页。

② 杨冠琼：《科层化组织结构的危机与政府组织结构的重塑》，《改革》2003 年第 1 期。

③ 张千帆：《宪法变通与地方试验》，《法学研究》2007 年第 1 期。

④ 《毛泽东选集》（第 1 卷），人民出版社 1991 年版，第 48 页。

设计思路上绕开保守的中央官僚找到了经济改革在既定体制内的动力,[①] 带来了中国经济的起步与腾飞;如今,党的十八届三中全会决定指出,要完善国家治理体系和治理能力的现代化,这是一项宏大的历史使命,其涉及范围之广、触及利益之深呼唤着更多的制度突破和创新,此时地方试验的经验可以成为重要的灵感来源。例如,深圳市于1997年就以各个政府部门的自我审查和程序简化开始了三轮大规模的行政审批简化改革,建立行政审批电子监察系统;[②] 湖南省在全国率先制定了《湖南省行政程序规定》,进行了试图"给行政权力定规矩"的法治试验,首创党内规范性文件备案审查制度、为权力行使提供"正当法律程序";[③] 浙江省在经济发展上逐渐产生以"温州模式"为代表、以市场为取向、以民营经济为主体的浙江模式,并完善了生态效益补偿制度、工资支付保证制度、著名品牌保护制度等促进民营经济健康发展、符合浙江省经济发展要求的一系列制度等。[④] 这些地方试验的实践从行政审批优化、依法行政、调动市场积极性等各个不同的改革领域践行和落实着全面深化改革的整体要求,与国家宏观政治社会环境形成了良性互动机制。

　　"对最基本权利和义务的尊重性"是对地方试验主义治理的本质要求,是通过宪法规定的最基本权利义务和权力行使框架为地方试验主义的范围和方式划定行动底线;"自身发展的自治性和可

---

　　① Susan Shirk, *The Political Logic of Economic Reform in China*, University of California Press, 1993. 转引自田雷《"差序格局"、反定型化与未完全理论化合意——中国宪政模式的一种叙述纲要》,《中外法学》2012年第5期。

　　② 三次改革分别于1997年、2001年、2003年,措施主要包括建立行政审批服务中心、鼓励部门合作、集中式监管、现场监督、提高服务中心工作人员服务质量等。参见俞可平等编《政府改革的理论与实践》,浙江人民出版社2005年版,第197—198页。

　　③ 周尚君:《国家建设视角下的地方法治试验》,《法商研究》2013年第1期

　　④ 陈柳裕等:《论地方法治的可能性——以"法治浙江"战略为例》,《浙江社会科学》2006年第2期。

持续性"是对地方试验主义治理的内容要求，是强调深刻影响一方社会生活格局的试验方式本身不能具有随意性，必须做到科学化和理性化；"与政治社会环境的整体协调性"是对地方试验主义治理的框架要求，作为国家治理的重要组成部分，地方试验主义治理必须和国家整体的政治、经济、社会发展相适应，必须满足国家治理方针中的程序和实质规定，才能更好地以试验经验引领国家发展，达到进行地方试验的终极目的。

四　结论：我国地方试验主义治理的发展道路

　　综合前述复合型的地方试验主义治理合法性判断标准，可以对当前我国不同形式的地方试验模式进行评价。总体来看，我国改革开放以来的地方试验一般采取两种方式：地方自发试验和国家通过授权发动地方进行的试验。在改革开放初期，社会变动较为剧烈，国家很难兼顾发展的各个方面，因此对于地方自发的试验方式，国家的基本立场是开明和宽松的；国家通过授权发动地方试验的范围也往往较广，地方有很大的自主空间。但是这种宽容的态度是政治上的，而不是法律上的。① 该时段一系列地方试验主义治理采取的措施，因政治上的宽容而免除了合法性的评价；这些措施及其类似试验思路因而并不能当然地免除当前国家治理体系下的合法性检验。从国家治理现代化的角度进行探索，我国地方试验主义治理的发展方向逐渐趋向于法治化、严格化和规范化。因此，在全面深化改革的背景下，地方试验主义治理的发展道路必须满足合法性要求，在如下方面做出重点部署。

　　第一，区分改革领域、尊重改革的一体性，在落实改革的同时防止地方保护主义。当前我国的国家治理框架中，同时进行着不同领域的改革，例如经济体制改革、军事改革、政治模式改

---

　　① 王建学：《论我国地方试验制度的法治化》，载莫纪宏、谢维雁主编《宪法研究》（第十卷），四川大学出版社 2009 年版，第 65—69 页。

革、文化与社会改革等，这些改革有着各自的目标和路线，对国家体系和公民生活的影响程度各不相同。在进行这些领域的改革过程中，或多或少会采取地方试验主义治理的方法，此时"对最基本权利和义务的尊重性"这一合法性标准会随领域的不同而有所改变。例如，政府内部改革（包括从严治党、精简机构等）、军队改革、文化改革等，直接涉及公民最基本权利义务的情况较少，因而合法性标准可以适当放宽，采取最为宽松的解释方式；某些政治经济领域改革（主要是涉及政府与公民互动的改革，如民主选举、信息公开、司法救济等）、社会文化改革，一定程度上会涉及公民的最基本权利义务，因此需要根据具体情况，对实体上的合法性（即改革目的是否正当）和程序上的合法性（例如决策做出方式等）做出不同程度的要求；而对于直接涉及公民利益调整的政治经济改革（例如住房、收入分配、财政税收、公共服务、市场交易等），必须采取严格的合法性标准，避免对公民最基本权利义务的侵犯。另外，还须重视公民平等权在地方试验主义治理上的地位，防止由于试验式治理产生地方保护进而对不同地区公民带来不公平。

第二，考虑地区差异。我国的地方试验主义治理与欧洲一些国家的地方试验实践相比，最大的差别就在于我国具有地理和人口上的大国的特殊性：相同的社会治理问题在大国内可能由量的倍增导致质的突变，同样，多样化的地方试验空间也会给大国在生存和发展问题上带来一定的优异性。正如一位学者所概括，在中国过去所走过的每步路上，一方面承担着大国所规定的成本，另一方面也享受着大国所带来的收益。① 因此，我们在充分利用多样化的地方试验调动国家经济发展、享受地方试验为我国现代治理带来的宝贵财富的同时，必须正视不同地区在发展状况、地理

---

① 田雷：《"差序格局"、反定型化与未完全理论化合意——中国宪政模式的一种叙述纲要》，《中外法学》2012 年第 5 期。

位置以及人文环境上的差别，以确保地方试验主义治理本身发展的自治性和可持续性的达成。如前文所述，把握治理模式自身发展可持续性是判断地方治理合法性的重要标准，对地区差异的充分考察对两方面提出了核心要求：其一，鼓励和允许不同地方进行差别化的探索实践，在大方向上提倡因地制宜的、大胆的改革创新；其二，建立完善的考核激励、监督问责机制，努力做到地方试验的配套化、精细化、科学化。

鼓励差别化探索实践是要增加基层进行地方试验的动力，我国改革进程中面临的各种问题大多出现在基层，"顶层设计"再怎么完善，付诸实践时依旧会面对复杂的实施环境，只有不断强化地方试验，才能让这些问题得到根本性的解决；同时，最基层的治理实践是国家治理的宝库，许多治理方案的灵感都来自基层的探索，只有充分发挥基层的能动性，才能不断完善治理思路和治理过程。完善地方试验的监督机制的目的在于统合地方实践，形成合力。有效政府的前提是责任政府，地方试验、基层治理创新从本质上看，仍然是权力行使的过程，因而必须遵守权力行使的规范。在地方试验过程中，必要的顶层实际和反馈机制可以更好地指导权力行使，保障权责一致，确保地方试验的质量。当然，对地方试验进行监督考核并不代表不允许地方试错、失败，而是为地方试验的范围划定必要的边界，尽可能减少由于试验失败带来的不利影响，从而更进一步推动地方试验的可持续发展。

第三，尊重治理规律。治理，作为一个协调主体、客体、贯穿始终的过程，不能割裂地、片面地进行观察。而是地方试验主义治理作为一种特殊的治理思路，为了更好地和社会生活相适应，必须充分尊重治理规律。一般来说，需要满足治理的自决性、回应性以及流动性。治理的自决性强调治理参与人的合作与服从。因为治理机制的合法性不仅需要机制的代理人正当行使他们的职权，还需要机制针对的对象有着独立于内容的服从的理由，以及机制运行过程中其他可能涉及的成分有独立于内容的服从，至少是不阻碍机制运行的理由。① 治理的回应性强调建立完善的跟踪优化机制，不仅包括中央各部门对地方试验范围、效果的调查跟踪，还包括在实践中对基层和群众意见的充分吸收，以政务公开、参与式讨论等方式促进治理的顺利实施和不断完善。治理的流动性主要侧重于不同层级治理之间的协调，虽然一些基层试验往往限定在特定的级别或者地区，但是试验地的上、下级政府以及相邻地区会不可避免地与试验地产生政策互动，其中可能存在的府际关系也必须得到充分考虑。

第二节　改革先于立法弊大于利
——以税制改革为例

"法者，治之端也。"法律是治理国家的开端，法治兴则国家兴，法治衰则国家乱，法律是治国理政最大最重要的规矩。"变者，天下之公理也。"改革是国家和社会永恒前进的源泉和动力，因循守旧必然导致落后于人。习近平曾就立法和改革的关系指出："凡属重大改革都要于法有据。在整个改革过程中，都要高度重视运用法治思维和法治方式，发挥法治的引领和推动作用，加强对相关立法工作的协调，确保在法治轨道上推进改革。"② 改革是一个动态的运转过程，改革语境下的实践必须满足合法性要求，以法治为框架，以法治为保障，为推进全面深化改革进程中的实践和

---

① Buchanan, A. & Keohane, R. O., "The Legitimacy of Global Governance Institutions", *Ethics Int. Aff.*, 20, 405-437 (2006).

② 《习近平：把抓落实作为推进改革工作的重点　真抓实干蹄疾步稳求实效》，http://cpc.people.com.cn/n/2014/0301/c64094-24498962.html。

探索提供理论支撑。先改革后立法的模式从长期来看弊大于利，改革在先立法在后从总体上看最终会阻碍改革的进程。

一　改革开放时代背景下的先改革后立法思想——"摸着石头过河"

新中国成立后，我国制定了多部法律，奠定了我国法律制度建设的初步基础。1949 年通过的《中国人民政治协商会议共同纲领》在当时起到了临时宪法的作用，是中华人民共和国诞生的法律依据。1950 年我国通过了三部重要的法律，分别是《中华人民共和国土地法》《中华人民共和国婚姻法》和《中华人民共和国工会法》，这些法律对稳定国家和社会的秩序做出了贡献，并且为后来我国法律部门的形成打下了基础。1954 年我国通过了《中华人民共和国宪法》(五四宪法)，五四宪法规定了我国的国体、政体并界定了国家和公民的关系，初步建立了我国的宪政体制。

1966 年"文化大革命"展开，我国经历了长达十年的浩劫。"文化大革命"中，公检法系统被彻底破坏，只余部分公安系统。以阶级斗争为纲的政治路线引领全国，导致人民之间互相攻讦，带来了无休止地批斗与被批斗，产生了大批的冤假错案，我国法律的地位岌岌可危，法治变成无稽之谈。1967 年我国颁布了臭名昭著的"公安六条"，"文化大革命"的危害进一步扩散，法律被彻底摒弃、形同虚设。"文化大革命"是中国法制遭到严重破坏的十年，在此期间，新中国成立初期奠定的法律基础遭到彻底破坏。中国经济倒退，社会动荡，混乱不堪、失序无常。

1979 年我国立法工作开始全面恢复。与此同时，十一届三中全会做出了实行改革开放的决定。在改革开放初期，由于历史和政治遗留原因，政府面临的大环境极为棘手。中央政府面对的是"文化大革命"遗留下的烂摊子，既要拨乱反正，又要开辟出一条改革开放的新路径。由于缺乏相应的治理经验，政府对于是否要做出改革开放的大胆探索和决策进行了漫长的讨论过程。在当时的政治领域上，"两个凡是"的消极影响还未完全消除。"两个凡是"指的是"凡是毛主席做出的决策，我们都坚决维护；凡是毛主席的指示，我们都矢志不渝地遵循"。当时的中国，风气保守，因循守旧，"两个凡是"蕴含的僵化的个人崇拜的思想成为我国改革开放的阻碍。为打破这一死气沉沉的局面，全国展开了"实践是检验真理的唯一标准"的大讨论，倡导解放思想，实事求是，一扫陈腐之风。

邓小平是我国改革开放的总设计师，他在当时提出了许多充满智慧的改革方法，其中一大重要的改革思想便是"摸着石头过河"。"摸着石头过河"本是一句民间俗语，本义是过河时应多去摸索才能稳当渡河。在邓小平看来，"摸着石头过河"是要一边摸索一边做事，蕴含着大胆尝试、大胆去闯的意思。邓小平曾提出，"我们现在所干的事业是一项新事业，马克思没有讲过，我们前人没有做过，其他社会主义国家也没有干过。所以，没有现成的经验可学，我们只能在干中学，在实践中摸索"。他认为，改革开放对于中国而言是一项前无古人的事业，没有前人经验可循，因此只能边做边总结，在实践中积累经验、摸索前进。邓小平于1986年9月2日在《答美国记者迈克·华莱士问》一文中指出："也讲现在我们搞的实质上是一场革命。从另一个意义来说，我们现在做的事都是一个试验。对我们来说，都是新事物，所以要摸索前进。既然是新事物，难免要犯错误。我们的办法是不断总结经验，有错误就赶快改，小错误不要变成大错误。"邓小平还在南方谈话中说道："改革开放胆子要大一些，敢于试验，不能像小脚女人一样。看准了的，就大胆地试，大胆地闯……大胆地试，大胆地闯。农村改革如此，城市改革也应如此。"

"摸着石头过河"，是边干边总结，在不断尝试中积累经验、摸索规律，从而寻找到适合中国特色的路径的改革方法。这一方法是当时改革开放初期的必然选择。我国改革开放刚起步之时，百废待兴，没有任何前人的经验可以借鉴，也缺乏对改革前景的相应认识，只能在摸索中发展，大胆尝试和大胆创新，即使在过程中发生错误和问题，也做到及时应对和纠正，在实践中逐步找到一条适合自身的改革路径。所以当时的改革都是在党和政府做出一系列决策的前提下推行的，而并不是靠制定法律，以法律为标准引领改革方向。"摸着石头过河"在改革开放初期的背景下是一项必然选择，符合当时的时代发展趋势。

之所以在改革开放初期选择"摸着石头过河"的模式，主要有以下几个方面的原因：

首先，文化大革命严重破坏了我国的民主和法制，公检法系统几乎处于瘫痪的状态。在刚刚走出文化大革命影响的那段时期，国家的法制处于重建阶段。一方面，立法的经验和技术严重不足，尤其是法律人才十分匮乏。法律人才的缺失造成了我国法制建设阻滞不前的状态。另一方面，改革开放初期社会上普遍对我国改革的未来路径、目标、方向等处于迷茫和观望的状态。而我国立法机构在当时由于人才缺失、技术匮乏等原因无法对改革的具体措施和手段做出超前预测。因此，立法只能在改革中不断积攒经验以提升立法技术，也就是说立法只能滞后于改革。而且，我国虽然在改革开放之后制定了多部法律，但是当时的法律规定都较为原则化，需要通过改革之后总结经验来予以完善和丰富。因为改革尚处于探索的阶段，法律在当时背景下只能规定相关系统性原则，难以对改革的具体目标、措施和手段做出详尽的规定。法律原则化的规定为改革提供了相对宽松的制度环境，与当时提倡"大胆尝试""大胆创新"的思维是一致的。

其次，改革开放初期面临的是一个刚刚结束过去，欲开辟新未来的新阶段。当时，我国面临种种困难和问题，既要解决"文化大革命"时期的历史遗留问题，又要探索出改革开放的新路径。

但是我国没有任何前人的改革经验可以借鉴。中国特色社会主义建设对我国而言是一项前无古人的事业，不可能在马克思主义思想中找到现成的改革方案，也没有任何前人的实践经验可以直接照搬，所以邓小平提出我国改革要大胆去闯，边摸索边做事，在摸索中总结经验教训。最典型的例子便是家庭联产承包责任制。家庭联产承包责任制一开始是由安徽省凤阳县小岗村18位农民签下"生死状"，实行包产到户的"瞒上不瞒下"的举动。这一土地制度的革新在一些地区出现之前，中央政府并无对此项制度的规定。但随着家庭联产承包责任制在地方上扩大实施范围，中央文件也最终认可了这项土地改革。家庭联产承包责任制的推行便很明显地体现了"摸着石头过河"的思想。

最后，改革开放正值"文化大革命"结束后不久，国家刚从混乱失序的状态中解脱出来，各行各业百废待兴。在十一届三中全会上中央做出将工作重心从阶级斗争转移到经济建设上来的决定。但是"文化大革命"时期的思想束缚仍未完全解除，只有通过党的决策表明改革决心，才能统一全党共识，摆脱旧思想的禁锢，为改革扫清意识形态上的阻力。党和政府做出的改革决策和全国人大制定的法律相比在一定程度上具有其自身无可代替的优越性。党和政府的决策有其天然的权威性和灵活性，因此党和政府的决策一旦做出，能够迅速直接地予以推行和实施，不仅符合当时大势所趋的改革环境，而且能使政令传达到地方时得到完全的贯彻和执行。所以，改革是在党和政府做出一系列有利于经济建设的决策下不断展开的。而立法需要一个较长的流程和周期，如果先行立法再推进改革无疑将浪费改革的最佳时机。而且改革是一个不断突破和变化的过程，先行推出的立法经过几年后便很有可能会过时，适应不了局势的发展。

"摸着石头过河"的改革发展模式取得了十分重大的成果。改革开放释放出巨大的生产力，我国经济发展水平持续大幅度提高，人民生活水平显著改善，物质和文化生活更加丰富多彩。我国综合国力进一步提高，赢得了国外的惊叹和称赞。改革已历经30多年，飞速发展的经济证明了改革的正确性。但是在改革这趟列车飞速行驶的同时，我们会渐渐发现，随着改革渐渐进入深水区，原有的"摸着石头过河"渐渐不能再长期、单一适用。

"摸着石头过河"的特点在于，它在不断试错中调整改革的前进方向，在前进中不断摸索发展规律，不断总结机遇和风险。这一改革战略导致我国改革不可避免地带有碎片化的特征。因为很多改革措施和手段在推出之时，往往是急于适应当时的环境需要，或者为了解决某一方面的重大问题，而多少带有应急性和零散性的特征，而忽视了改革的系统性和结构性。"先上马后论证"固然能解决当时之忧，但是留下的后遗症也是不容小觑的。改革进入深水区后，一些后遗症渐渐凸显出来。在各种利益关系复杂化、利益诉求多元化的今天，改革不断受到多种群体的部门利益、地方利益和行业利益的干扰，特别是当改革触及既得利益群体之时，继续深化改革会面临非常大的阻力。除了利益格局问题之外，体制问题、固化思维问题和传统发展模式形成的路径依赖等也制约了改革的脚步。因此"摸着石头过河"思想发展至今应该完成超越与升华，到达进行深入总结的阶段。只有总结经验教训，反思不足，创造条件解决新的难题，实现更进一步的跨越，才能帮助改革更好前行。

二　先改革后立法的理论探讨

（一）地方试验主义治理

我国改革开放的总设计师邓小平曾提出："改革是一场伟大的试验。"改革具有探索性和创造性的具体特征。只有通过改革这项试验，不断摸索出我国前进和发展的道路，才能实现中华民族的伟大复兴。经济体制改革便是一项试验。经济体制改革这一试验最早是在农村地区展开，在农村的改革取得一系列成效后，才推进到城市。可见我国改革的步伐是先从地方上开始的，由点到面，从局部扩大到整体。之所以采取地方先行先试，中央总结推进的模式，是因为考虑到我国的具体国情。我国是一个政治经济发展极不平衡的大国，地区之间差异多样。如果不先行试点查看效果便盲目统一推行改革，改革失败的风险将会大大增加。而且，我国并没有前人经验可以借鉴，现成的参考模式如果不能符合我国的具体实际，一旦照搬，将会面临水土不服的状态，从而导致改革难度的增加。

地方试验主义治理的合理性在于，通过在局部地区的试点和试错，将改革可能会带来的风险降低到可以承受的范围之内，从而不至于像在全国范围内统一推进改革那样，一旦失败，便易造成社会震荡、人心不安的现实。直到今天，地方先试的改革办法仍然是中央实施改革的重要方法之一。习近平在全面深化改革领导小组第十三次会议上曾强调："试点是改革的重要任务，更是改革的重要方法。试点能否迈开步子、蹚出路子，直接关系改革成效……基层探索要观照全局，大胆探索，积极作为，发挥好试点对全局性改革的示范、突破、带动作用。"此外，习近平主席在谈到自由贸易试验区建设时提出："建设自由贸易试验区是一项国家战略，要牢牢把握国际通行规则，大胆闯、大胆试、自主改，尽快形成一批可复制、可推广的新制度，加快在促进投资贸易便利、监管高效便捷、法制环境规范等方面先试出首批管用、有效的成果。"可见，改革试点方法承担着为全局性改革探索路径和积累经验的重要功能，负载着树立标杆、蓄积动力和激发活力的重要任务。通过地方上先行试验改革闯出一条创新性发展的道路，不仅为当地改革释放新动力，同时也为全国共同发展做出贡献。

（二）滞后性立法和超前立法

从法律和社会的关系来看，法律致力于解决产生于错综复杂的社会关系中的种种疑难问题。而社会现实是复杂多变的，人类社会一直在变化中前进和发展，而变化意味着新现象新问题的不断产生。相应地，法律应该与时俱进，扩充法律条文以规制社会生活中人们可能会面临的棘手的问题，以此来规范公民的行为、维护社会秩序的稳定。

　　一般认为，法律是具有滞后性的。法律只能规制已经产生的社会关系，而不能规制尚未发生、尚不存在的社会关系。只有当一个问题已经开始显现出来，法律才能制定相应的对策以解决此问题。改革开放之初，我国社会面临急速转型，变革蓄势待发。但是我国当时对改革的前景尚无全局性的认识，只能在摸索中曲折前进。而且，时值"文化大革命"结束，法制尚处于重建状态，很多法律部门还未能完全建立。因此，我国法律只能滞后于改革的步伐。改革过程中开辟的新的制度和理念是法律不能提前预料到的，法律往往在改革慢慢成熟之际再加以制定。这样，立法工作展开之时，立法人员能够总结成功的改革实践经验。当时的立法观念之中典型的代表就是"成熟一个制定一个"①。如此立法虽然适应了当时的改革需要，初步构建了我国的法律体系框架，但是也很不完善，内容也不够具体。

　　立法固然要总结和肯定成功的改革经验，但是也需要肯定科学的预见。法律固然具有滞后性，但也应有其超前的一面。在已有的成功的改革实践经验的基础上，法律还应做到对未来的科学合理的预测。社会现实确实变化纷繁，但其背后有自身发展的必然规律。法律应顺应社会发展的规律，合理预测未来现实，发挥立法的主动性和创造性。在不断变化的改革实践之中，前瞻之见应该作为指导性思想统领全局。否则，若法律一味滞后于改革实践，便会不断随着改革实践的变化而变化，朝令夕改，失去法律

① 刘松山：《立法规划之淡化与反思》，《政治与法律》2014 年第 12 期。

应有的权威性和稳定性。

　　我国经过改革开放30多年来的立法实践，已经形成中国特色社会主义法律体系，各个法律部门都已建立并在不断稳定发展之中。滞后性立法已不再符合我国的现实需要，法治中国建设对立法提出了前瞻性和全局性的要求。改革开放初期，立法为了适应改革开放进程，不断总结经验，把实践后证明是正确的理念以立法形式成文化，从而巩固改革开放的成果。但是我国建设社会主义市场经济至今，必须认识到法律对市场经济发展的指导作用，应当发挥法律在社会主义建设中的预见性和能动性，从而合理规范社会经济秩序，促进市场稳定良性发展，做到有法可依、违法必究。

　　（三）立法宜粗不宜细

　　改革开放初期，立法者考虑到我国政治经济地区间发展极不平衡的国情和社会正处于急速转型变革之中的现状，在立法工作中提出了"宜粗不宜细"的立法思想。当时我国社会处于变革转型之际，社会现实处于不断变化之中。如果法律在当时规定得过于详细，那么法律将难以适应不断变化的现实需要，因此立法要求"宜粗不宜细"。"粗"是指法律法规的条文在内容上可只作原则性和指导性的规定，对于实际带有可操作性的内容不宜在法律中过多规定。此外，在改革开放初期，立法机构的人力与技术资源的缺失，导致立法工作只能先"粗"。邓小平曾指出："现在立法的工作量很大，人力很不够，因此法律条文可以粗一点，逐步完善。"立法是一项技术层面要求较高的工作，立法工作所需立法人员必须具有较高的专业知识技能和科学素养。当时，我国缺乏大量的立法优秀人才和科学的立法技术，因此，为完成政策制定的需要，立法只能从简单的"粗"着手，对较难的"细"则不予规定。

　　可见，"立法宜粗不宜细"是在特定历史时期和特定立法条件下所采取的立法方法。这项立法方法在一段时期内为我国的立法工作所采用，在一定程度上成为我国立法工作的指导思想而且在现实立法中予以贯彻。因此，综观我国改革开放以来所制定的法律法规，可以发现"粗"法是不在少数的。但是"粗"法所带来的弊端也是明显的。首先，"粗"法在实施和执行上比起"细"法有其不及之处。具有明确性、规范性和可操作性的法律在实际生活中执行起来更简单快捷。而"粗"法具有抽象性和原则性的特征，民众将之运用到实际生活中之时，无法找到"粗"法所明确的法律应有的准绳和尺度。在法律适用时，"粗"法很可能因为难以操作而被弃之敝屣，形同虚设。其次，由于立法过"粗"，法律条文的弹性较大，执政机关在法律条文上的自由裁量权便过大。如果执政机关滥用自由裁量权，在解释法律条文之时利用对自身有利的法律解释，将可能会造成对公民利益的侵害。特别是一些行政规范性文件往往由政府自身制定，如果政府利用自身对"粗"法的法律解释，并且用于自身执法，将会因为缺乏法律监督机制而导致政府权力的滥用，如果政府因此来谋取利益而侵夺公民财产，将会导致公民和政府的对立，造成政府公信力的缺失，不利于建设法治政府和诚信政府。

改革开放30多年以来，我国通过长期的立法实践工作，积累起丰富的立法经验，不断提高立法技术，而且我国立法空白大多已被填补，立法数目众多，因此现阶段我国不应再固守"立法宜粗不宜细"的指导思想，而应强调法律明确化和精细化。"立法宜粗不宜细"这一立法理念应该得到检讨和反思。

（四）总结：先改革后立法长期看弊大于利

改革开放初期，先改革后立法有其正确性和必要性。首先，改革开放初期法制环境尚不健全，处于重建复兴阶段，立法经验和技术无法跟上改革实践的步伐，旧的立法又无法适应改革中出现的新情况。其次，改革开放之初社会急速转型，新的经济形态不断涌现，为鼓励新生事物的发展，法律环境较为宽松。待改革取得成功，积累经验，立法便将改革成功的经验以法律形式固定下来。最后，采用先改革后立法的办法，公民在改革实践操作中可以大胆尝试和探索，而无须担心触碰法律的边界，有利于解放思想。

但是先改革后立法的模式不能长期适用，否则会导致消极的后果。首先，改革发展至今，已与 20 世纪 80 年代面临的情况完全不同。80 年代初各行各业百废待兴，急需变革，而变革至今，已进入改革的深水区和攻坚期。而且，改革本身也带来了一些新矛盾和新问题。如果当今社会改革还采取先改革后立法的模式，那么改革过程中出现的新问题将无法事先得到法律的规制而避免，如果事后立法加以规制，将错过法律制约的最佳时期。

其次，立法和改革相辅相成。改革若无立法的全局性指导，将可能会走入盲目乱改的误区。改革若没有法律的保驾护航，改革的执行部门就容易任意作为，偏离改革的正确轨道。而且，经济发展到一定的程度，旧的法律就会过时而需要修改，修改旧法的过程又是一个需要较长时间的过程。对于改革而言，旧法将会无所适从。如果新立法跟不上，旧立法又已过时，那么改革将会摆脱法律的约束，由法治转为人治。作为改革的执行机关，行政机关为追求效率和效益，在做出改革决策之时更为注重眼前利益和局部利益而忽略长远利益和全局利益。因此，改革中行政机关做出的决策往往缺乏科学性和民主性，而且由于行政决策较易做出，所以往往朝令夕改，缺乏稳定性和长远性。

再次，立法活动是将法律制定并向全社会公布公开的活动。立法一旦公开，公民便能够依据现有的法律对自身未来的行为后果形成正当的心理预期。公民可以通过现有的法律得知自身所享有的权利和所应尽到的义务。在建设法治国家的过程中，公民和国家之间的关系以法律为纽带而紧密联结起来。公民可以通过法律对国家机关的行为做出评判而不至于陷入无知的状态，相反，公民对国家机关的作为和不作为将会存在以法律为基础的心理预期。因此，如果在改革过程中缺失先行立法，那么公民对改革的心理预期将被打破，公民在改革之中将会无所适从。因为公民并不知道自己在改革过程中能获得的权利和应履行的义务，从而陷入迷茫无措的状态，对政府的改革行为失去信赖。因此，出于对人民群众权利的尊重，立法应先于改革，让人民通过法律对改革树立起信心。

最后，总结改革先于立法模式带来的弊端，可以看到，如果改革先于立法，从长期来看，不仅不能促进改革健康发展，相反会对改革进程带来一系列阻滞。如今，我国改革已进入深水区和攻坚期，要实现改革继续稳步推进，必须依靠法治。因为建设法治国家也是建设稳定秩序的过程。法治相比于人治的一大特点在于，法律秩序是可以稳定延续和继承下来的。立法先于改革的过程也就是事先界定改革范围和规范改革秩序的过程。如果摒弃立法、打乱秩序，将会造成改革大局的紊乱，也会动摇立法者和执法者的权威。

三　分税制改革的得与失

新中国成立后，中央人民政府颁发了《全国税政实施要则》和《关于1951年度财政收支系统的划分的决定》，初步建立了统收统支、中央财政高度集权的财政收支划分模式，确立了"统一领导、分级管理"的原则。1993年12月25日国务院颁发了《关于实行分税制财政管理体制的决定》。该决定宣布，从1994年1月1日起全国实行分税制财政管理体制。1995年1月1日施行的《中华人民共和国预算法》第8条明确规定"国家实行中央和地方分税制"，为中国分税制的财政管理体制提供了法律依据。我国实行的分税制是具有社会主义市场经济的财政税收管理体制，是在中央政府和地方政府之间、地方各级政府之间以事权为基础划分财权和财力的一种分权式财政体制，涉及财政权和事权的合理分配。

1994 年分税制财政体制改革的实施效果是非常明显的，适应了我国社会主义市场经济的发展。具体作用体现在以下几个方面。

首先，分税制财政管理体制改革起到的一个很明显的作用是加强了中央集权。分税制是市场经济国家普遍实行的一种财政体制，符合市场经济发展规律。在分税制改革之前，我国实行的是"分灶吃饭"的财政体制，特别是 1988 年"划分税种、核定收支、分级包干"的财政包干体制实施以来，中央和地方财政收入严重不平衡。地方财政收入除中央直属企业和事业单位的收入与关税收入需上缴之外，其余收入均为地方留用，财政支出方面亦然。而且，由于地方的企业所得税和流转税归属地方财政收入以及其他一系列税收优惠政策，导致乡镇企业的税收几乎全部划入地方政府税收之中。因此国家财力偏于分散，中央财政收入比重不断下降，不利于中央集权。分税制改革将税种划分为中央税、地方税、中央和地方共享税三类，其中共享税中央占比 75%，地方占比 25%。此外，不少主要的收入来源较稳定的和增收潜力较大的税种都列入了中央税或中央和地方共享税。分税制改革后，中央财政收入比重大大提升，中央财政地位也大大提高，国家财力不断集中。

其次，中央财政收入比重的增长有利于调整我国东西部地区经济发展不平衡的状态。对于西部地区而言，中央财力的雄厚有利于通过财政转移支付加强对西部地区的扶持，在一定程度上缓解了东、中、西部地区发展不平衡的状态。中央对西部地区的财政转移支付政策有利于改善西部地区的投资环境，如改造基础设施建设和生态环境建设。中央对西部地区在财政、税收、投资、金融、产业、土地等项目建设加大资金投入力度，不断拓展新的开发领域和空间，有利于促进当地经济发展。另外，中央对西部地区的教育扶持和卫生投入等基本公共服务的拨款也有利于当地民生的改善。

再次,分税制改革调动了中央和地方的积极性。分税制改革之前,由于中央政府需从地方政府收入中抽取一部分作为中央财政收入,因此地方政府隐瞒税收收入的动机较大,而且出现了地方政府将预算内收入转移到预算外的现象,导致地方政府预算外收入迅猛增长。可以说分税制改革之前,地方政府向中央上缴财政收入的态度非常消极。分税制改革的最终结果虽然是中央财政收入比重不断上升,但是并非导致地方财政收入下降。相反,1994 年的地方财政收入和 1993 年的地方财政收入相比不降反增。这说明,分税制改革在调动地方的积极性上是有一定影响的。对中央而言,财政收入在分税制改革后急速上升,自然利于发挥中央政府的积极性和主动性。

最后,分税制改革为统一全国市场奠定了基础。社会主义市场经济是法制经济。与财政分包制相比,分税制改革更有利于推动全国市场的统一。① 在财政分包制下,地方政府为增加地方财政收入往往会采取保护本地区经济发展的地方保护主义手段,设置贸易壁垒,助长地区封锁和市场分割。与财政分包制相比,分税制初步统一了税制,有利于全国市场的统一,打破原有的分割式财政管理体制,有利于资源的自由流动,符合社会主义市场经济的内在规律。

但是分税制改革也遗留了一系列问题,这些问题大多数都是因为改革之时忽视法治化而造成的。世界上绝大多数国家中央政府与地方政府税收改革都必须提交立法机关制定专门的法律,在立法过程中集思广益,广纳善言。而我国分税制改革推行之初,缺乏明确的法律依据,也没有广泛征求社会各界意见,只是通过一个红头文件作为政策依据。因此,改革政策尚有待商榷的空间,

---

① 宋冬林、范欣:《分税制改革推动了市场统一吗?》,《学习与探索》2015 年第 10 期。

推行后留下了很多遗憾。当前我国经济发展严重不平衡的现象，与分税制改革不无关系。

首先，分税制改革的后果是中央财政收入显著增加，地方财政收入和中央财政收入呈此消彼长的状态。由于分税制按税源大小划分税种，将收入来源稳定、增收潜力较大的税种划入了中央税或中央与地方共享税，地方税种仅存收入不稳定、征收难度较大和征收成本高的中小税种，因此造成地方征税税种不少但是征税范围窄、收入规模小的局面。因此地方政府和中央政府的财政收入不均衡的状态在分税制改革后并未得到完全扭转，只是从分税制改革之前地方政府财政收入比重偏高的状态变为分税制改革之后中央政府财政收入比重偏高的状态。有数据显示，地方财政收入在总财政收入中的比重 1993 年的数字为 80%，而到了 1994 年便下降为占总财政收入比重的 45% 左右。[①] 地方财政收入在总财政收入中比重急剧下降，对应而来的是中央财政收入占比的急剧上升。因此，分税制改革使中央财政凝聚了大部分的地方财政收入，形成了"财权上收"的效果，造成强干弱枝的局面。分税制改革导致我国部分地区经济基础相对较差，地方财政捉襟见肘，中央政府不得不采取转移支付或专项资金补贴的方式帮助经济相对落后地区特别是中西部地区摆脱困难。

其次，分税制改革据以展开的法律文件只是一个行政规范性文件，并没有上升到法律的位阶。国务院于 1993 年颁布了《关于实行分税制财政管理体制的决定》。从立法的角度看，我国并没有颁布统一的法律作为分税制改革的法律依据。这一行政规范性文件由中央政府制定，而并非是由全国人民代表大会通过的法律，因此，在法律效力的权威性和稳定性上都大打折扣。分税制改革事关中央和地方的财政权分配，显然是属于财政、税收方面的重

---

① 李冬梅：《我国地方财政困境辨析》，《云南财贸学院学报》2005 年第 5 期。

大的制度，应该在宪法中予以明确规定，或者由我国最高立法机构通过法律予以规范。通过行政化而非法律化的方式来确定中央和地方之间的关系会形成不稳定的局面。中央政府颁布的行政文件将中央政府置于一个主导的地位，而地方政府处于较为被动的地位。

再次，分税制改革带来了财政转移支付非法治化的后果。财政转移支付分为一般性转移支付和专项转移支付。我国每年财政转移支付的数额巨大。有数据显示，2015 年中央对地方一般性转移支付决算数为 28455.02 亿元，专项转移支付决算数为 21623.63 亿元。① 但是我国在财政转移支付制度上并没有法规予以明确规定。分税制并未实现财政转移支付法治化，财政转移支付制度构建于中央各部委的行政规范性文件之上。行政规范性文件具有任意性和零散化的特征，与最高立法机关制定的法律相比，未能有效约束中央各部委的权力，未能把权力关进法制的牢笼，"跑部钱进"的现象屡屡发生。地方为争取中央的财政扶持，与中央不断博弈，甚至引起中央与地方之间讨价还价的拉锯战。

最后，分税制只考虑到中央与省级政府之间的关系，未能对省级以下的财政体制予以规范。分税制划分了中央与省级政府之间的税收和财政权，造成"财权上收，事权下放"的局面。而对于省以下分税制财政管理体制，财政部于 1996 年颁布了《关于完善省以下分税制财政管理体制意见的通知》，该通知规定"各地区要参照中央对省级分税制模式，结合本地区的实际情况，将分税制体制落实到市、县级，有条件的地区可落实到乡级"②。该通知同样只是财政部的一个行政规范性文件，法律层级和效力较低，

---

① 《中央财政支持地方金额首次披露》，http：//www. 7hcn. com/article/253687 - 1. html.

② 徐阳光：《单一制、财政联邦与政府间财政关系》，《财政经济评论》2013 年第 1 期。

只是对省级以下财政管理体制做出了概要式和指导式的规定，并没有进行详细明确的说明和规范。可见分税制改革忽略了省级以下财政体制的规定。事实上，各地区参照中央对省级分税制模式，将分税制落实到省、市、县、乡等四级政府，不同层级政府之间分税后留到乡级和县级政府的财政收入相比起来较少，县、乡政府财政困难的局面也因此形成。由于缺乏法制化的规定，省以下财政体制的不稳定性和脆弱性造成省级以下政府间财政关系也要靠"跑"。

四　改革与立法关系的国际横向比较——从税制切入

（一）立法先行：美国 1986 年的税制改革

进入 20 世纪 70 年代后，美国深陷于"滞胀"的泥潭，通货膨胀状况加剧，失业率大大上升。通货膨胀加剧导致纳税人的纳税等级上升，税负的增长高于真实所得的增长，人民的实际生活水平下降。与此同时，美国政府的财政支出增长迅速，赤字规模不断扩大，国债规模巨大。[①] 一些西方经济学家认为，第二次世界大战后对凯恩斯主义宏观经济政策的过度依赖是导致美国通货膨胀率不断攀升直到酿成"滞胀"局面的原因。凯恩斯主义强调国家干预经济和充分就业，因此政府频繁采用扩张性货币政策刺激经济增长。所以，20 世纪 70 年代后美国政府规模不断扩张，联邦政府管理事务过多，政府支出不断扩大。在此背景下，一些同凯恩斯主义相对立的经济学派应运而生，他们主张从刺激需求改为刺激供给来解决"滞胀"问题，这便是供给经济学派。供给经济学派的核心人物罗伯特·巴特莱和裘德·万尼斯基提出"拉弗曲线"的思想，并认为政府若采取减税并配合各种解除管制政策的话，人民的劳动积极性会大增，企业也会增大投资，这样产品供给便

---

① Boskin M.J., Stein H., *Reagan and the economy：The successes, failures, and unfinished agenda*, ICS Press, 1987.

会增加，供给增加自然会引发产品价格的下降，从而通货膨胀问题便能得到解决。万尼斯基将这种新办法命名为供给侧管理或改革，跟凯恩斯主义的需求侧管理针锋相对。

1980 年，持保守主义立场的共和党总统候选人里根当选美国第 40 任总统，里根上任后，为推动美国走出"滞胀"泥潭，实施了一系列改革政策并取得了极大的成效。国会通过了《1981 年经济复苏税法》(*the Kemp-Roth Tax Cut of* 1981)，大幅削减个人所得税。此外，国会还通过了《1986 年税收改革法》(*the Tax Reform Act of* 1986) 以实现简化税制、降低边际税率、扩大税基、提高经济效益的目标。里根采取紧缩货币供应的政策，加以全面减税的方法，从而刺激商业投资。同时，改革减少联邦政府对个人生活、企业经营和地方政府的不必要的干预，从而减少联邦政府的财政开支负担，减缓了联邦政府财政支出的增长。① 这里需注意的是税制改革，《1986 年税收改革法》并非为了缓解政府财政赤字而增加税收，相反，它的主要目标是降低边际税率。事实上，《1986 税收改革法》的目的在于保持适当税收中性的同时，维持不同收入阶层之间税负的分配现状，体现出里根政府在税制改革时采用的供给经济学派的思想。在降低税率方面，个人所得税由过去的十四级税率简化为二级税率，公司所得税的税率也有降低和简化，由过去的五级税率简化为三级税率。《1986 年税收改革法》实施后，个人所得税的税收负担大大降低。此外，为了维持财政收入与中性化，既不增收，也不减收，《1986 年税收改革法》采取了削减优惠、扩大税基、堵塞漏洞和加强管理等措施。②

里根政府实施的一系列改革措施取得了非常大的效果。里根

---

① [美] 阿兰·J. 沃尔巴克:《美国税制改革历程》，张瑛摘译，《经济资料译丛》2004 年第 3 期。

② Inman R.P., "State and local taxation following TRA86: Introduction and summary", *Journal of Policy Analysis and Management*, 1993, 12 (1): 3-8.

实施的个人所得税的减税政策，有利于减轻纳税人的负担，增强公民的消费能力。里根政府实施的企业所得税的减税政策也在一定程度上支持了中小企业的发展，刺激和拉动投资，促进经济结构的调整。① 美国经济在里根政府改革后呈现出较快回升的态势，通货膨胀率和失业率逐渐下降。通胀下降到3%—4%的较低水平，失业率在1988年年底回落到5.3%的低位。

从方法论角度看，里根政府改革启动立法先行，通过制定法律来保障改革的推行力度和强度。在里根政府实行所有改革措施之前，都会通过制定法律的形式将改革方案固定下来并颁布。《1986年税收改革法》是通过提交众议院和参议院讨论后由国会批准、总统签署形成的法案，具有完备的法律效力，体现出权威性和稳定性的特征。国会是美国行使联邦立法权的立法机构，由参议院和众议院组成。征税包含在联邦的立法权限范围之内。联邦法的法律效力高于州法效力，各州必须遵守联邦法。② 因此《1986年税收改革法》一经推出在全国实施之时，为美国税制改革提供了有效的法律依据，减少了利益集团的干预与阻碍。改革在全国推行的时候，若下级不予遵循，便是违反法律，必须承担相应的法律责任和后果。

立法发挥引领和带动作用，对加强和改进美国税制改革、完善税收法律制度意义重大。里根政府的改革具有坚实的法治基础，做到了最大程度的民主化和法治化的结合。里根本人通过选举上台，在选举过程中他将自身的改革思想和改革方案公之于众，得到民众的理解和支持，因此他的改革思想具有较广的民主基础。里根政府在改革政策和措施实施前都会颁布法案，立法先行，而

---

① Chernick H. , "Comment on tax exporting, federal deductibility and state tax structure", *Journal of Policy Analysis and Management*, 1993, 12（1）：131-135.

② ［美］杰弗利·格鲁夫:《美国法的构成要素——以权力分立、司法独立、法院组织、遵循先例以及对抗制为中心》，丁相顺译，《法学家》2004年第5期。

法案需要众议院和参议院讨论之后表决通过后才能颁布，所以说法案是民主化和法治化的结合。里根政府改革在民主化和法治化的保障下顺利实行，不仅有民意上的正当性，也具备法律上的正当性。

但是也应看到，《1986年税收改革法》在税制具体内容的规定上具有一定缺陷：法律条文过于烦琐复杂，内容偏于艰深晦涩，普通人难以迅速理解。税法是一项复杂的法律部门，美国的税法尤甚。《1986年税收改革法》可以说在税法内容上规定得事无巨细，周密地考虑到税法的方方面面，在制定之时投入了大量的专业技术人才和资源。为防止人们利用税法上的漏洞逃避缴纳税收，立法人员加强研究和控制，对所有预见到的漏洞进行修正，从而使得税法条文庞杂繁复，纷乱冗长。

（二）改革开放以来中国税制改革与立法的关系

1. 1978—1993年有计划的商品经济时期的税制改革

1984年，中央通过《中央中央关于经济体制改革的决定》，决定提出我国改革的基本任务是建立有中国特色的社会主义经济体制，并突破了将计划经济同商品经济对立起来的传统观念，主张建立有计划的商品经济。在1978—1993年这段时间，我国首先从涉外税制入手展开了税制改革。全国人民代表大会先后通过了《中华人民共和国中外合资经营企业法》（1979年）、《中华人民共和国个人所得税法》（1980年）、《中华人民共和国外国企业所得税法》（1981年）。其中《中华人民共和国个人所得税法》和《中华人民共和国外国企业所得税法》是我国改革开放之后最早制定的税法，开辟了我国税收立法的先河。但是由于这两部税法着重针对外籍个人和外国企业，纳税主体和征税范围受到法律的限制，对于国内税制改革的影响不大。1983年，国务院通过国营企业"利改税"试点办法，我国开始普遍推行国营企业"利改税"改革。在改革之前，我国的国有企业须向国家上缴利润，改革后，凡有盈利的国有大中型企业，均按照固定税率缴纳所得税，税后利润一部分以其他形式上缴国家，一部分留给企业，帮助国营企业走上自主经营、自负盈亏的道路。1984年国务院提出报告称要实施"利改税"的第二步，并展开工商税制改革。第二步改革主张完全以税代利，企业上缴利润完全被上缴税收代替。工商税制改革提出取消工商税，并代替以产品税、增值税、盐税和营业税，另增加资源税、城建税、房产税、土地使用税和车船使用税，进一步完善了工商税制。[①]工商税制改革通过国务院颁发的一系列行政条例展开，建立起我国税制的基本框架。

2. 1994分税制改革

1993年中央通过了《中共中央关于建立社会主义市场经济体制若干问题的决定》，为1994年税法体制改革着重建立与"市场经济体制"相适应的税法体系奠定了重要基础。1994年分税制改革的具体内容如下：首先是全面改革流转税，改造增值税、营业税，以规范化的增值税为核心，设置消费税，建立新的流转税课税体系；其次是对内外资企业实行统一的企业所得税。改革开放初期，内资企业和外资企业适用不同法律规则，内资企业不缴纳企业所得税，只有外资企业缴纳企业所得税。1994年分税制改革之前，国营企业、集体所有制企业和个人独资企业根据不同法规缴纳不同的所得税，1994年分税制改革之后，内资企业统一缴纳企业所得税，保留涉外企业所得税。事实上，直到2007年，我国才对内资企业和外资企业实行统一的企业所得税。可见，我国税制改革是分步进行的，改革的节奏较为缓慢。此外，1994年分税制还推动我国实行统一的个人所得税法。

3. 2001年以来社会主义市场经济完善期的税制改革

本阶段的税制改革从以下四个方面展开。首先是费改税。费

---

① 宋亚辉：《改革开放三十年中国税收法治建设》，《财经科学》2008年第8期。

改税的主要内容是将一些具有税收特征的收费项目转化为税收。从 2001 年 1 月 1 日起，我国实施《中华人民共和国车辆购置税暂行条例》，开始在全国范围内征收车辆购置税，在车辆购置税开征的同时我国取消了车辆购置附加费。同时为了规范农村收费，切实减轻农民负担，中央通过了《关于进行农村税费改革试点工作的通知》，决定从 2000 年开始在农村展开税费改革。2006 年温家宝总理在政府工作报告中宣布废除农业税，相应地，《农业税条例》自2006 年 1 月 1 日起废止，从而终结了数千年以来中国农民都需缴税的历史。

其次，统一内外资企业所得税。2007 我国通过了新企业所得税法，统一了内外资企业所得税，取消了外资企业在中国长期以来存在的超国民待遇。在 2008 年 1 月 1 日以前，我国的企业所得税按内资、外资企业分别立法，外资企业适用《中华人民共和国外商投资企业和外国企业所得税法》，内资企业适用的《中华人民共和国企业所得税暂行条例》，法律位阶和效力层级有所不同。统一内外资企业所得税后，在企业之间实现公平税负，有利于企业之间的良性竞争。

改革开放以来，中国现如今建立起了 18 个税种，形成了基础的税种体系。但是在 18 个税种中只有 3 个税种制定了法律，它们分别是《中华人民共和国个人所得税法》《中华人民共和国企业所得税法》和《中华人民共和国车船税法》。其他 15 个税种都只是制定了暂行条例。从法律效力和层级上看，法律的效力高于行政条例，我国税制改革大多以制定行政条例为主，体现出我国税制改革由行政推动的特点。我国税制改革法治化的路程还任重道远，若要全面落实税收法定原则，我国至少还需要制定 15—20 部法律。

五　当前改革与立法关系的几点思考

（一）　重大改革于法有据

习近平总书记于全面深化改革领导小组成立之初强调："凡属

重大改革都要于法有据。在整个改革过程中，都要高度重视运用法治思维和法治方式，加强对相关立法工作的协调，确保在法治轨道上推进改革。"法律是治国之重器，良法是善治的前提。当前，我国建设法治国家以"发展和完善中国特色社会主义制度，推进国家治理体系和治理能力现代化"为总目标，因此在深化改革的现阶段，更应处理好法治和改革之间的关系。改革开放任重道远，发展到今天，已经进入深水区和攻坚期，特别是目前中央所强调的供给侧结构性改革，更应明确改革思路和改革方向，通过立法形式对改革做出结构性安排，确保改革秩序良性健康运行。

重大改革于法有据，从字面意思上理解，可以认为改革涉及重大领域时，应该以制定的法律为依据展开，法律制定在先，重大改革实施在后。这是因为中国是一个政治经济发展极不平衡的大国，在历史转型的关键时刻，中国共产党人肩负极大的使命感和责任感，对于重大改革不能出偏差，只能争取成功不能失败。所以对于重大问题要反复论证，先行立法。如果不发挥法律的引领和推动作用，改革不经过立法过程的事先讨论，一味轻率展开的话，将很有可能导致改革最终失败。[①]"法令行则国治，法令弛则国乱。"改革过程中的每一事项都应置于法律的规制之下，在法律框架下实施，在法治轨道下运行，不能逾越法律的底线，否则改革便因违法而失去正当性。[②]法治是改革顺利实施的制度保障，只有做到依法办事，改革才能顺利进行，如果忽视了法治建设，改革将会遇到挫折和困难。

中国经济社会形势复杂，存在的问题并不是单一层面而是由多个矛盾叠加交织而形成的结构性问题。针对结构性问题的存在，中央提出要推进结构性改革。中国目前存在的结构性问题包括产

---

①　郑淑娜：《提高立法质量实现良法之治》，《行政管理改革》2014 年第 12 期。

②　沈亚伟、于新东：《正确认识改革与法治的辩证关系》，《浙江经济》2015 年第 3 期。

业结构、区域结构、要素投入结构、排放结构、经济增长动力结构和收入分配结构六个方面的问题。这些问题各自独立并常常叠加交织在一起，若想解决这些问题，必须从结构性改革入手。具体而言，应制定稳定的宏观政策，加大重要领域和关键领域的改革力度，推出具有重大牵引作用的改革措施和手段，应充分发挥政府宏观调控和市场调节两方面的作用。因此这涉及市场和政府之间的关系，要弥补市场和政府失灵的现象，必须要靠法治。市场经济就是法治经济，要解决市场经济治理中存在的各种问题，仅仅依靠经济自主调节是远远不够的，必须突破经济层面，上升到法制领域。目前，我国市场经济领域中存在的政府权力过多干预和法治意识淡薄的现象依然存在，要规范政府的权力，把权力关进法治的笼子里，从而保障市场主体的权利。同时法律在市场经济中有效运行，督促市场主体主动承担义务和责任，规范市场主体参与经济活动的行为。

强调重大改革于法有据，就要做到先行立法应经过公众参与和专家论证，以防止改革出现重大错误。立法应拓宽公众参与渠道，充分反映民意，因为改革终究要回到人民群众中去。如果立法无法反映出人民的需求和呼声，那么在执行立法的时候将会遇到人民的抵触而失去法律在人民心中的公信力，也无法满足人民的合理期待。良法善治强调只有先制定良法，才能实现善治。良法应该是充分维护人民群众广大利益的法律，是为人民谋福祉、改善民生的法律。立法应该坚持人民主体地位，如果立法过程中失去公众参与，便无法汇集民意，立法便因无法体现人民意愿而失去民主性。所以全国人民代表大会及其常委会在立法时应拓展人民有序参与立法的途径和渠道，广泛听取各方面意见和建议。同时，应加强立法论证，做到立法科学化、规范化，提高立法质量。专家以中立的地位参与立法，促进立法兼顾各方面利益实现客观公正。应完善专家学者参与立法的制度和机制，保证发挥专家学者在立法过程中的参谋作用，明确专家在立法活动中的权利和义务，拓宽专家学者参与立法的途径和渠道。

（二）中小改革以不违反宪法和法律为底线

"国无常强，无常弱。奉法者强则国强，奉法者弱则国弱。"中小改革不一定要于法有据，但是必须要有底线，那就是宪法和法律。在依法治国依宪治国的背景下，任何组织和个人都不得逾越宪法和法律，宪法和法律是任何人都不能逾越的底线。宪法是我国的根本大法，在社会主义法律体系中处于核心的地位，任何人都不能逾越宪法。依宪治国要求人民遵循宪法精神，全面贯彻实施宪法，是建设社会主义法治国家的首要任务和基础性工作。宪法确定了我国的国体和政体，在法律位阶中处于最高一级，拥有至高无上的法律权威，一切法律、行政法规、地方性法规都不能同宪法相抵触。

"法者，天下之程式也，万事之仪表也。"法律是人民的行为准则，是以行为人权利和义务为主要内容的具有普遍约束力的指导规范。法律由国家的最高立法机关制定，在执行中以国家强制力为后盾和保障。法律有多个部门之分，分别规范不同的社会领域，解决国家生活中某一方面的问题。宪法与法律的区别在于，宪法是国家的根本大法，规定了国体、政体等国家的根本问题，而法律只处理国家某一领域的问题；宪法具有至高无上的法律权威，是法律的法律，具有其他普通法律无可比拟的权威性，法律以宪法为立法基础和依据，是根据宪法制定的，宪法是"母法"，法律是宪法的"子法"；宪法在法律体系中位阶层级最高，其他法律的制定不得与宪法的基本精神和内容相抵触，否则，法律便会因为违宪而无效。在我国的法律体系中，除了处于高阶的宪法和法律，还有处于较低位阶的行政法规、地方性法规、行政规章等。比较而言，法律是由我国最高全国人民代表大会及其常委会通过立法过程制定。而行政法规是由国务院制定，地方性法规是由地方人民代表大会及其常委会制定。一些经济和社会事项本应由立法机关制定法律予以规范，但是立法机关在授权法中可以规定将某些具体事项的立法权授予行政机关，由行政机关在法律授权的范围内行使权力。前者为职权立法，后者为授权立法。授权立法是我国立法制度中的重要组成部分。

授权立法具有从属性、有限性和灵活性等具体特征。授权立法从属于职权立法，是对职权立法的补充。拥有法定立法权限的立法机构通过授权，将自身立法权限的一部分转授给被授权机关，让其在授权范围内制定授权立法。授权立法不能超越立法机构授予权限的范围，必须在授予权限范围内合理行使。授权立法具有灵活性的优点，可以随着社会经济形势的变化而及时制定或修改具体条文内容。但是授权立法也存在一些弊端。授权立法将本应属于立法机关的权力授予行政机关，行政机关相比立法机关而言更偏重于部门利益和地方利益，因此制定出的规范可能会违背人民的意志和利益。然而，我国授权立法的界限和范围往往并没有明确的界定，行政机关在授权立法中所获得的立法权较为宽泛。行政机关的立法与立法机关的立法相比，并没有一个完整的立法程序和流程，因此，行政机关在制定规范的时候随意性较大，可能会滋生腐败问题，侵害到公民的合法权益。

中小改革在不违反宪法和法律的基础上可以先行先试，制定一些规章和文件，以适应改革的需要。因为改革是一个不断解决新问题的变化发展的过程，需要利用授权立法的灵活性以适应改革本身的需要。行政机关可以在改革的过程中根据当地实际形势，因地制宜、因时制宜地制定一些行政文件，针对具体问题进行具体分析。但是行政机关的权限并不是不受限制的，行政机关必须保证针对改革所制定的文件不得与宪法和法律相抵触，不能超越法律授予的权限范围，否则制定的这部分行政文件内容便会因为抵触宪法和法律而无效。法律虽然规制某一具体的社会事务领域，但是并不能规定得面面俱到，一些法律没有涉及的内容，可以由行政机关在具体实践中颁发行政文件加以规定。但是行政机关不能滥用此项权力，不能违背法律的具体精神和内涵，否则行政机关便超越了立法机关的立法权，形成事实上的自身立法和自身执法的状况，容易导致实践操作中的失衡状态。因此，改革在实施时必须接受法律的监督，不得逾越于法律之外，否则会造成行政权的泛滥。

（三）地方试验治理主义的反思与完善

改革开放初期我国采取的重要改革立法模式之一便是"摸着石头过河"。"摸着石头过河"的思想强调大胆尝试大胆试点，试点先行总结经验，然后再进行统一的中央立法。在改革开放初期，"摸着石头过河"的模式合乎当时中国的实际，是具有中国特色的渐进式改革方案。"摸"是认识，"石头"是实际，也就是说要先实践，再认识，然后将认识投入到实践中去，指导实践继续进行。"摸着石头过河"在一定程度上体现出"实践是检验真理的唯一标准"的思想。为贯彻落实此项改革立法模式，推出了局部试点的方法论。局部试点的好处在于谨慎地将一项改革措施在某一局部地区推行，探索改革的路径，当局部试点改革成功后，再推向全国，由全国统一实施，并且加强统一立法，这样可以大大降低改革失败的风险。若改革不经试验便推向全国，那么一旦失败，可能会造成社会震荡，带来严重的后果。"摸着石头过河"取得的成果是明显的，为探索建立社会主义市场经济做出了较大的贡献。

现如今形势有所不同，改革已进入攻坚期和深水区。党的十八大反复提出要致力于"顶层设计"。"顶层设计"强调自上而下、高瞻远瞩，强调战略性全局思想和系统性宏观设计。习近平在党外人士座谈会上曾指出："全面深化改革是一项复杂的系统工程，需要加强'顶层设计'和整体谋划，加强各项改革关联性、系统性、可行性研究。要在基本确定主要改革举措的基础上，深入研究各领域改革关联性和各项改革举措耦合性，深入论证改革举措可行性，把握好全面深化改革的重大关系，使各项改革举措在政策取向上相互配合、在实施过程中相互促进、在实际成效上相得益彰。"① 可见，"顶层设计"是高层以宏观设计为基础，强调改革措施之间的系统性、整体性、联动性和协调性，体现出全面深化改革对"深"的要求。

那么，在未来的改革中，是否还要继续进行地方先行先试呢？是否应采取"顶层设计"而摒弃地方先行试点呢？事实上，在未来的改革中，"先行先试"和"摸着石头过河"的思想仍然需要，并且可能要长期坚持。因为我国的基本国情仍然没有改变，我国的政治经济发展极不平衡的社会现实仍未改变。所以对于先行先试然后中央总结立法的路径仍然不能抛弃。地方试点总结经验然后上升至法律法规的路径在相当长的时间内仍需继续保留，这既有利于调动中央和地方的积极性，也是全面深化和稳步推进改革的要求。事实上，"摸着石头过河"和"顶层设计"的关系是辩证统一的，前者强调自下而上和实践的重要性，后者强调自上而下和谋划的重要性。二者并不矛盾，而是相辅相成，缺一不可的。因为改革是一个上下互动，既需要实践又需要理论的过程。所以这两种方法在改革实践中都应该继续存在。②

习近平在《中共中央关于全面推进依法治国若干重大问题的决定》的说明中指出，"法律是治国之重器，法治是国家治理体系和治理能力的重要依托。全面推进依法治国，是解决党和国家事业发展面临的一系列重大问题，解放和增强社会活力、促进社会公

---

① 《习近平：全面深化改革是一项复杂的系统工程》，http：//news.xinhuanet.com/politics/201311/13/c_ 118130505.htm。

② 孙德敏：《加强"顶层设计"和"摸着石头过河"相结合刍议》，《理论学习与探索》2014 年第 3 期。

平正义、维护社会和谐稳定、确保党和国家长治久安的根本要求。"① 可见，改革应充分尊重法治思路，拓展对法治的认知视野。在推进国家治理体系和治理能力现代化时，充分做到以法律为保障，建立良好的法制环境。

---

① 《习近平关于〈中共中央关于全面推进依法治国若干重大问题的决定〉的说明》，http://cpc.people.com.cn/n/2014/1029/c64094-25927958。

第三章

改革与立法关系的比较分析
——从税制改革切入

第一节 台湾房地合一税之新法动态及评释

一 绪论

2015 年 6 月 5 日，中国台湾"立法院"正式三读通过俗称"房地合一税"的所得税法①部分条文修正案，并同步修正了俗称"奢侈税"的"特种货物及劳务税条例"，停征了房屋与土地部分的"奢侈税"。

按台湾的不动产税制，就土地与房屋交易之所得，分别课征"土地增值税"以及"所得税"。此次房地合一税修法，一方面透过土地涨价数额的税基扣除，保留了土地增值税，以规避违宪之疑虑，另一方面将房地买卖所得合二为一，同时并计所得税(与综合所得分离课税)，就其所得额之计算，亦改用实价课税。

由于此次修正，改变了 60 年来房地分离课税的税收实务，其背后涉及相关的宪法、法律的原理、原则，面临的立法的理论与

---

① 以下所引法律法规，除第四部分外，皆是指中国台湾地区之法律法规。

实务问题，以及牵涉的阶层与利益，基于两岸人民同文同种，皆受到中国文化的洗礼，非常值得大陆修法时借鉴、研究。鉴于值此大陆不动产税制即将完整立法及配套之际，本书拟透过梳理台湾此次修法过程所面对的财税法理论体系及实务之挑战，盼能达到供大陆立法参考与启示的目标。由于台湾新法仅涉及不动产交易所得之课税问题，本部分只针对所得税以及相应修正的奢侈税（流转税），关于保有环节的财产税(土地税及房屋税) 以及一般交易环节的流转税(营业税、契税、印花税) 不在本部分讨论之范围。

二　旧法规定之问题

(一) 旧法规定

旧法规定下，针对房屋及土地的交易所得采用不同的课税标准，分述如下：

1. 土地

个人及营利事业土地交易之所得，根据旧"所得税法"第4条第1项第16款之规定，免征所得税。根据"土地税法"第28条前段"已规定地价之土地，于土地所有权移转时，应按其土地涨价总数额征收土地增值税"。按由于"宪法"第143条第3项规定："土地价值非因施以劳力资本而增加者，应由国家征收土地增值税，归人民共享之。"原属于"所得税法"第14条财产交易所得之土地交易所得，因而被割裂，免征所得税而增收土地增值税。而"土地税法"第28条所谓"已规定地价"，依同法第12条是指"本法所称公告现值，指直辖市及县(市) 政府依平均地权条例公告之土地现值"。

2. 房屋

房屋交易之所得，并未如土地般单独课征，而是根据"所得税法"第14条第1项第7类："财产交易所得：凡财产及权利因交易而取得之所得：一、财产或权利原为出价取得者，以交易时之成交价额，减除原始取得之成本，及因取得、改良及移转该项资产而支付之一切费用后之余额为所得额。"并计入个人综合所得额，按 5%—45% 适用累进税率课征。

（二）法律及实务问题

1. 房地两价分离

由于旧制将房屋及土地的交易所得人为拆分为两部分，学者①研究指出此是由于台湾"民法"第 66 条第 1 项："称不动产者，谓土地及其定著物。"为配合民事法所致，而此立法例又是沿袭日本《民法》第 86 条第 1 项规定，而在德国法上并非如此，房屋为土地之重要成分，并非独立之物。而此种拆分土地及房屋的做法，与台湾的交易实务造成极为严重的脱节，按一般交易习惯中，都是就土地与房屋的总额作为一个整体磋商、谈判以及交易，只有在根据财产登记及税务的需求才人为以一定比例分开成两份合同，以应付行政机关。并且由于土地交易所得的土地增值税税负远低于房屋交易的所得税，交易实务上往往会将土地价格最大化、房屋价格最小化；而实务上稽征机关为防止土地交易价格的"灌水"，一般以土地公告现值与房屋评定现值②之比，作为分割不动产交易价格的依据。

实务上也因此衍生出地主与地产商合建分售的交易手法：地产商于与拟合作开发之地主决定好土地价格后，由地产公司的大股东或董事长出面以个人名义受让该土地之后，与地产公司合作建屋，再以地主身份以个人土地交换房屋所有权，待日后卖出时，即可免去营业税（相当于大陆增值税加营业税）及营利事业所得税（相当于企业所得税），只需缴纳税负极低的土地增值税，以及房

———————
① 柯格钟：《房地合一实价课税问题与挑战》，《税务旬刊》2014 年总第 2269 期。
② 中国台湾"房屋税条例"第 10 条第 1 项"主管稽征机关应依据不动产评价委员会评定之标准，核计房屋现值"。

屋部分依评定价格的固定比例计算课税。也因为此种税制的扭曲，往往有个人持有数十间、企业持有数百间房产，而升斗小民只能望着节节高涨的房价兴叹，坊间更流传卖掉三套房就能无忧一生的"三宅一生"的说法。

2. 土地增值税的真空期

按土地增值税的税基乃是"土地涨价总额"，而土地涨价总额之计算，依"土地税法"第30条第1项第1款规定："土地涨价总数额之计算，应自该土地所有权移转或设定典权时，经核定之申报移转现值中减除下列各款后之余额，为涨价总数额：一、规定地价后，未经过移转之土地，其原规定地价。规定地价后，曾经移转之土地，其前次移转现值。"问题出在，土地公告现值的调整依"平均地权条例"是每年调整一次，换句话说，只要在一年之内将所购入的土地再次转移，其间公地价未经过调整，即完全不予计税；反之哪怕只持有土地1天，只要政府经过公告地价的调整，也得负担全年土地涨价总额的全额税负。举例而言，某甲于2015年1月1日公告地价调整后买入A地，并于2015年12月31日将A地卖给乙，乙又于翌日2016年1月1日公告地价调整后将A地卖给丙。假设其间土地价格飞涨，甲根据"土地税法"规定，无须缴纳任何一分税；反之乙纵然只持有一天，则需负担整年土地公告地价调整之数额。此种制度漏洞造成量能平等原则之违法，使得有较大收益之人完全不需交其所得课税，反之对于实际未有收入或只有微利之人课予超出其负担能力增益之税，变相造成鼓励短期投机买卖土地的结果，进而对作为民生必需品的土地之价格的炒作，起到火上浇油的作用。

3. 不动产评估价格与实际价格的巨大落差

除上述问题外，由于个别不动产交易价格难以钩稽，对于不动产交易的所得，实务上采取评估价格课税（在土地是依公告地价、在房屋是依评定现值），而评估价格由于按年调整，不动产交易评估价格与实际价格常常落差巨大，一些知名豪宅比如帝堡等，其评估价格甚至不到市价的一半，除了交易所得与实际相差甚大，持有环节的财产税更是失真，而有财产税低于物业费之讥。

以上种种问题，有出于制度本身缺失的，有制度存在法律漏洞的，也有稽征技术未尽成熟所导致的，因此税制中此种问题即留存数十年，并且随着时间，慢慢造成贫富差距拉大、房地产价格不理想飙涨等后果。

（三）修法之契机

鉴于以上种种旧制遗留的问题，社会整体改革声浪不断，而由于不动产交易之实际价格，税捐稽征机关原本难以掌握而长期使用推估课税，但随着 2014 年不动产交易实价登陆制度之实施，又再迎来租税改革的曙光。

2011 年修正的"地政三法"，包括"不动产经纪业管理条例""地政士法"及"平均地权条例"① 中，要求不动产买卖双方、地

---

① 参见"平均地权条例"第 47 条："土地所有权移转或设定典权时，权利人及义务人应于订定契约之日起 30 日内，检同契约及有关文件，共同申请土地所有权移转或设定典权登记，并共同申报其土地移转现值。但依规定得由权利人单独申请登记者，权利人得单独申报其移转现值。

权利人应于买卖案件办竣所有权移转登记 30 日内，向主管机关申报登录土地及建物成交案件实际资讯。

前项买卖案件，有下列情形之一者，权利人免申报登录成交案件实际资讯：

（一）买卖案件委托地政士申请登记者，应由地政士申报登录。

（二）买卖案件委由不动产经纪业居间或代理成交，除依前款规定委托地政士申请登记者外，应由不动产经纪业申报登录。

前二项受理申报登录成交案件实际资讯，主管机关得委任所属机关办理。

前三项登录之资讯，除涉及个人资料外，得供政府机关利用并以区段化、去识别化方式提供查询。

已登录之不动产交易价格资讯，在相关配套措施完全建立并完成立法后，始得为课税依据。

第 2 项、第 3 项登录资讯类别、内容与第五项提供之内容、方式、收费费额及其他应遵行事项之办法，由中央主管机关定之。"（转下页）

政士以及不动产经纪业者，申报实价登录交易价格，"内政部"所属的地政机关会定期将区段价位公布于网上，让民众得以公开查询。

以上重大制度革新，立法说明称："为促进不动产交易资讯透明化，降低目前不动产资讯不对称情形，避免不当哄抬房价，在保障民众隐私权前提下，'内政部'积极推动实价申报登录之立法。因此，修正平均地权条例，立法要求交易当事人申报登录成交价。另民间习惯不动产买卖多委由不动产经纪业及地政士办理相关事宜，故对不动产经纪业管理条例及地政士法同步修正，以全面申报登录成交案件资讯。换言之，实价登录地政三法，系政府为推动居住正义、促进不动产交易价格透明化，健全不动产交易市场"。在论及是否以此实价作为实价课

（接上页）"不动产经纪业管理条例"第24-1条："经营中介业务者，对于买卖或租赁委托案件，应于签订买卖契约书并办竣所有权移转登记或签订租赁契约书后30日内，向主管机关申报登录成交案件实际资讯。

经营代销业务者，对于起造人或建筑业委托代销之案件，应于委托代销契约届满或终止30日内，向主管机关申报登录成交案件实际资讯。

前二项受理申报登录成交案件实际资讯，主管机关得委任所属机关办理。

前三项登录之资讯，除涉及个人资料外，得供政府机关利用并以区段化、去识别化方式提供查询。

已登录之不动产交易价格资讯，在相关配套措施完全建立并完成立法后，始得为课税依据。

第1项、第2项登录资讯类别、内容与第4项提供之内容、方式、收费费额及其他应遵行事项之办法，由中央主管机关定之。"

"地政士法"第26-1条："地政士应于买卖受托案件办竣所有权移转登记30日内，向主管机关申报登录土地及建物成交案件实际资讯。

前项申报受理登录成交案件实际资讯，主管机关得委任所属机关办理。

前二项登录之资讯，除涉及个人资料外，得供政府机关利用并以区段化、去识别化方式提供查询。

已登录之不动产交易价格资讯，在相关配套措施完全建立并完成立法后，始得为课税依据。

第1项登录资讯类别、内容与第3项提供之内容、方式、收费费额及其他应遵行事项之办法，由中央主管机关定之。"

税依据时，说明以"'内政部'推动实价登录地政三法，系为资讯公开透明。因实价登录地政三法均有规定已登录之不动产交易价格资讯，在相关配套措施完全建立并完成立法后，始得为课税依据"，以减少立法阻力。

在 2012 年 8 月 1 日实价登录正式上路之后，稽征机关开始在零星案件中以登录价格为参考依据，陆续调高土地公告现值与房屋评定现值，并且据以调整纳税义务人申报的过往明显偏低的房价与地价比，在 2013 年，土地增值税同比 2012 年即多征起了 28.2%，创下 14 年来的新高，前"行政院长"江宜桦则明言："某种意义的实价课税已经在发生。"①

虽然台湾地区在实价登录制度通过时为降低社会阻力而有"没有配套措施不实价课税"的承诺，然而实价课税旨在拨乱反正，将不动产评估价格更加贴近实价也是法定义务，再加之以"特种货物及劳务税(奢侈税)"对交易持有两年内的不动产课以特种交易税，提高不动产的所得、流转以及保有税，近几年台湾的房市已渐渐少见非理性的极端飙涨，取而代之的是稳定成长的"新常态"，此时对于进一步推出房地合一的真实价课税来说，已经是万事俱备，只欠东风。

三　新法之规定

基于前述背景，"立法院"于 2016 年 6 月 5 日三读通过了"房地合一税"修法，一改数十年来的房地分离课税。以下附简表，并就个别内容对照"所得税法部分条文修正总说明"(以下简称说明)陈述之：

---

① 林文义、王柔雅：《变相实价课税　偷偷上路!》，《财讯双周刊》2013 年 9 月 25 日。

表 3-1　　　　　　　　　　　　个人部分

项目	内容
课税范围 （含日出条款）	◎出售房屋、房屋及其坐落基地或依法得核发建造执照之土地 ◎2016 年 1 月 1 日起交易下列房屋、土地者： 2016 年 1 月 1 日以后取得 2014 年 1 月 1 日之次日以后取得，且持有期间在 2 年以内（继承或受遗赠取得者，得将被继承人或遗赠人持有期间合并计算）
课税税基	房地收入-成本-费用-依土地税法计算之土地涨价总数额

课税税率			内容
	境内居住者		1. 持有 1 年以内：45%，持有 2 年以内超过 1 年：35%，持有 10 年以内超过 2 年：20%，持有超过 10 年：15% 2. 因财政部公告之调职、非自愿离职或其他非自愿性因素，交易持有期间在 2 年以下之房屋、土地及个人以自有土地与营利事业合作兴建房屋，自土地取得之日起算 2 年内完成并销售该房屋、土地：20%
	非境内居住者		1. 持有 1 年以内：45% 2. 持有超过 1 年：35%
	境内居住者自住房地	减免	1. 个人或其配偶、未成年子女设有户籍；持有并实际居住连续满 6 年且无供营业使用或出租 2. 按前开课税税基（即课税所得）计算在 400 万元以下免税；超过 400 万元部分，按 10%税率课征 3. 6 年内以 1 次为限
		重购退税	·换大屋：全额退税（与现制同） ·换小屋：比例退税 ·重购后 5 年内不得改作其他用途或再行移转
	继承或受遗赠取得者，得将被继承人或遗赠人持有期间合并计算		

课税方式	分离课税，所有权完成移转登记之次日起算 30 天内申报纳税
税收用途	课税收入循预算程序用于住宅政策及长期照顾服务支出

表 3-2　　　　　　　　　　　营利事业部分

项目	内容
课税范围及税收用途	同个人
课税税基	房地收入-成本-费用-依土地税法计算之土地涨价总数额

项目	内容
课税税率	1. 17%（与现制同） 2. 总机构在"中华民国"境外之营利事业： （1）持有1年以内：45%；（2）持有超过1年：35%
课税方式	并入年度结算申报课税（与现制同）

（一）课税范围

说明指出："2016年1月1日起交易房屋、房屋及其坐落基地或依法得核发建造执照之土地(以下合称房屋、土地)，符合特定情形者，其交易所得应按新制课征所得税。（修正条文第4条之4①)"，是为改善现行不动产交易税制缺失，健全不动产税制，促使房屋、土地交易正常化。同法第1项第1款，交易之房屋、土地系于2014年1月1日之次日以后取得并持有期间在两年以内者，亦按新制课税，是为了配合特种货物及劳务税中不动产部分之停征。

（二）课税基础

关于具体税额之计算，说明指出"个人出售房屋、土地应按实际交易价格减除成本费用计算交易所得，并以减除依土地税法规定计算之土地涨价总数额后之余额，按其持有期间依规定税率计

---

① "所得税法"第4条之4：

个人及营利事业自"中华民国"一百〇五年一月一日起交易房屋、房屋及其坐落基地或依法得核发建造执照之土地（以下合称房屋、土地），符合下列情形之一者，其交易所得应依第十四条之四至第十四条之八及第二十四条之五规定课征所得税：

一、交易之房屋、土地系于一百〇三年一月一日之次日以后取得，且持有期间在二年以内。

二、交易之房屋、土地系于一百〇五年一月一日以后取得。

个人于"中华民国"一百〇五年一月一日以后取得以设定地上权方式之房屋使用权，其交易视同前项之房屋交易。

第一项规定之土地，不适用第四条第一项第十六款规定；同项所定房屋之范围，不包括依农业发展条例申请兴建之农舍。

算应纳税额，不并计综合所得总额。另为避免非'中华民国'境内居住之个人炒作境内不动产，其交易我国境内房屋、土地之所得税率，从高订定。(修正条文第14条之4①)"。值得说明者如下：

1. 成本及费用之认列：(1) 原则系按实际取得成本认定，包括取得房屋、土地之价金。至于继承或受赠取得者，其取得时之价值以房屋评定现值及公告土地现值按政府发布之消费者物价指数调整后之价值为准。(2) 取得房屋、土地达可供使用状态前支付之必要费用，如契税、印花税、代书费、规费、公证费、中介费、

---

① "所得税法"第14条之4：

第四条之四规定之个人房屋、土地交易所得或损失之计算，其为出价取得者，以交易时之成交价额减除原始取得成本，与因取得、改良及移转而支付之费用后之余额为所得额；其为继承或受赠取得者，以交易时之成交价额减除继承或受赠时之房屋评定现值及公告土地现值按政府发布之消费者物价指数调整后之价值，与因取得、改良及移转而支付费用后之余额为所得额。但依土地税法规定缴纳之土地增值税，不得列为成本费用。

个人房屋、土地交易损失，得自交易日以后三年内之房屋、土地交易所得减除之。

个人依前二项规定计算之房屋、土地交易所得，减除当次交易依土地税法规定计算之土地涨价总数额后之余额，不并计综合所得总额，按下列规定税率计算应纳税额：

一、中华民国境内居住之个人：

(一) 持有房屋、土地之期间在一年以内者，税率为百分之四十五。

(二) 持有房屋、土地之期间超过一年，未逾二年者，税率为百分之三十五。

(三) 持有房屋、土地之期间超过二年，未逾十年者，税率为百分之二十。

(四) 持有房屋、土地之期间超过十年者，税率为百分之十五。

(五) 因财政部公告之调职、非自愿离职或其他非自愿性因素，交易持有期间在二年以下之房屋、土地者，税率为百分之二十。

(六) 个人以自有土地与营利事业合作兴建房屋，自土地取得之日起算二年内完成并销售该房屋、土地者，税率为百分之二十。

(七) 符合第四条之五第一项第一款规定之自住房屋、土地，按本项规定计算之余额超过四百万元部分，税率为百分之十。

二、非中华民国境内居住之个人：

(一) 持有房屋、土地之期间在一年以内者，税率为百分之四十五。

(二) 持有房屋、土地之期间超过一年者，税率为百分之三十五。

第四条之四第一项第一款、第四条之五第一项第一款及前项有关期间之规定，于继承或受遗赠取得者，得将被继承人或遗赠人持有期间合并计算。

取得房地所有权后使用期间支付能增加房屋价值或效能非二年内所能耗增置、改良或修缮费等。(3) 出售房屋、土地支付之必要费用：如中介费、广告费、清洁费、搬运费等。(4) 交易标的包含土地者，改良土地已支付全部费用，包括已缴纳之工程受益费、土地重划费用及因土地使用变更而无偿捐赠一定比率土地作为公共设施用地者，其捐赠时捐赠土地之公告现值总额。

2. 不得列为成本或费用减除者：例如使用期间缴纳之房屋税、地价税、管理费、清洁费、金融机构借款利息等，属使用期间相对代价。

3. 损益相抵：个人房屋、土地交易损失，得自交易日以后三年内之房屋、土地交易所得灭除之。营利企业部分，则回归所得税法第 39 条，得后 10 年内扣抵。

4. 减除土地涨价总数额：为避免已课征土地增值税之税基重复课征所得税，且使土地增值税减免优惠得同步转轨至所得税，避免影响土地增值税之征免，于第 3 项序文规定计算房屋、土地交易所得时，得减除依土地税法规定计算之土地涨价总数额。至已缴纳之土地增值税则不得再列为成本费用减除，亦不得扣抵所得税。

5. 依期间、境内外适用不同一般税率：第三项第一款规定"中华民国"境内居住个人之房屋、土地交易所得按其持有期间分别"适用" 45%、35%、20% 及 15% 之税率。至非"中华民国"境内居住个人之房屋、土地交易所得按其持有期间分别适用 45% 及 35% 之税率。对于境外之营利事业，亦采用相同高税率。

（三）协力义务与核定课税

纳税义务人为履行房地合一税制之缴纳义务，必须负担相应的协力义务，并且在此协力义务未履行时，稽征机关应如何推计课税，就此说明指出"个人房屋、土地交易所得应于所有权转移登记或房屋使用权完成交易之次日起算三十日内申报并缴纳所得税。（修正条文第14条之5）① 个人未依规定申报房屋、土地交易所得或申报之成交价额较时价偏低而无正当理由或未提示原始取得成本、费用之证明文件者，稽征机关予以核定。（修正条文第14条之6②）"明确给予稽征机关于纳税义务人违反协力义务是得以推计课税之法律依据。

（四）减免税与重购退税

新制对于若干情形，给予减免税、重购退税之优惠。说明指出"符合条件之自住房屋、土地于不超过四百万元之交易所得，以及农业用地、被征收或被征收前协议价购之土地及公共设施保留地之交易所得，免纳所得税。（修正条文第4条之5③）"为保障

---

① "所得税法"第14条之5：

个人有前条之交易所得或损失，不论有无应纳税额，应于房屋、土地完成所有权移转登记日之次日或第四条之四第二项所定房屋使用权交易日之次日起算三十日内自行填具申报书，检附契约书影本及其他有关文件，向该管稽征机关办理申报；其有应纳税额者，应一并检附缴纳收据。

② "所得税法"第14条之6：

个人未依前条规定申报或申报之成交价额较时价偏低而无正当理由者，稽征机关得依时价或查得资料，核定其成交价额；个人未提示原始取得成本之证明文件者，稽征机关得依查得资料核定其成本，无查得资料，得依原始取得时房屋评定现值及公告土地现值按政府发布之消费者物价指数调整后，核定其成本；个人未提示因取得、改良及移转而支付之费用者，稽征机关得按成交价额百分之五计算其费用。

③ "所得税法"第4条之5：

前条交易之房屋、土地有下列情形之一者，免纳所得税。但符合第一款规定者，其免税所得额，以按第十四条之四第三项规定计算之余额不超过四百万元为限：

一、个人与其配偶及未成年子女符合下列各目规定之自住房屋、土地：

（一）个人或其配偶、未成年子女办竣户籍登记、持有并居住于该房屋连续满六年。

（二）交易前六年内，无出租、供营业或执行业务使用。

（三）个人与其配偶及未成年子女于交易前六年内未曾适用本款规定。

二、符合农业发展条例第三十七条及第三十八条之一规定得申请不课征土地增值税之土地。

三、被征收或被征收前先行协议价购之土地及其土地改良物。（转下页）

自住需求，个人自住房屋、土地之重购，无论系先售后购或先购后售，均得按重购价额占出售价额之比率，申请扣抵或退还税额。(修正条文第14条之8)② 落实居住正义，第14条之8第1款规定家庭自住房地交易得定额免纳所得税，但须符合办竣户籍登记、持有并居住于该房屋连续满六年、交易前六年内无出租、供营业或执行业务使用，及交易前六年内未曾适用免税等要件，以避免投机行为。又参照现行条文第17条之2有关自用住宅重购退税规定，于第14条之8第1项及第2项规定自住房地重购，无论系先售后购或先购后售，均得按重购价额占出售价额之比率，申请扣抵或退还税额；第3项规定自重购后五年内如改作其他用途或再行移转，应追缴原扣抵或退还税额，以避免投机。

四　大陆现行规定及借鉴

　　大陆现行房地产(房屋、土地使用权)交易所得的税制，主要以个人所得税、企业所得税以及土地增值税为主。其中特别需要加以论述者，土地增值税虽无所得税之名，而有认为非所得税者，

（接上页）四、尚未被征收前移转依都市计画法指定之公共设施保留地。

前项第二款至第四款规定之土地、土地改良物，不适用第十四条之五规定；其有交易损失者，不适用第十四条之四第二项损失减除及第二十四条之五第一项后段自营利事业所得额中减除之规定。

② "所得税法"第14条之8：

个人出售自住房屋、土地依第十四条之五规定缴纳之税额，自完成移转登记之日或房屋使用权交易之日起算二年内，重购自住房屋、土地者，得于重购自住房屋、土地完成移转登记或房屋使用权交易之次日起算五年内，申请按重购价额占出售价额之比率，自前开缴纳税额计算退还。

个人于先购买自住房屋、土地后，自完成移转登记之日或房屋使用权交易之日起算二年内，出售其他自住房屋、土地者，于依第十四条之五规定申报时，得按前项规定之比率计算扣抵税额，在不超过应纳税额之限额内减除之。

前二项重购之自住房屋、土地，于重购后五年内改作其他用途或再行移转时，应追缴原扣抵或退还税额。

然究其税收客体, 乃房地产转让收入减除扣除项目所得之"增值额", 此增值额约相当于"收入减除成本费用"的所得之概念, 故虽然计算上与所得税的客观净所得原则有所出入, 但广义上而言可认为是一种特种所得税。本部分主要着重于现行制度概览, 分析其与台湾房地合一税修法前面临问题之异同, 后半述及两岸制度之比较, 以下分述之:

(一) 个人所得税

关于个人房地产交易所得, 主要规定在《个人所得税法》第 2 条: "下列各项个人所得, 应纳个人所得税: ……九、财产转让所得;" 同法第 6 条: "应纳税所得额的计算: ……五、财产转让所得, 以转让财产的收入额减除财产原值和合理费用后的余额, 为应纳税所得额。" 及《个人所得税法实施条例》第 8 条: "税法第二条所说的各项个人所得的范围: …… (九) 财产转让所得, 是指个人转让有价证券、股权、建筑物、土地使用权、机器设备、车船以及其他财产取得的所得。" 同法第 19 条: "税法第六条第一款第五项所说的财产原值, 是指: …… (二) 建筑物, 为建造费或者购进价格以及其他有关费用; (三) 土地使用权, 为取得土地使用权所支付的金额、开发土地的费用以及其他有关费用; ……纳税义务人未提供完整、准确的财产原值凭证, 不能正确计算财产原值的, 由主管税务机关核定其财产原值。" 同法第 20 条: "税法第六条第一款第五项所说的合理费用, 是指卖出财产时按照规定支付的有关费用。" 及同法第 22 条: "财产转让所得, 按照一次转让财产的收入额减除财产原值和合理费用后的余额, 计算纳税。" 综合以上规定, 实务上碰到的问题是, "财产原值" 难以证明或者基于核定得以计算出更低的税费, 纳税人倾向不提供相关的凭证, 而为符合量能平等原则, 如何核定出接近于市价的财产原值, 则为需解决的问题。

依国税发〔2006〕108 号文中的规定①，采取了推计课税的方法，由省级地方税务局或者省级地方税务局授权的地市级地方税务局根据市场价格，在住房转让收入 1%—3% 的幅度内确定，部分解决了无法核定的困难。而《国家税务总局关于个人转让房屋有关税收征管问题的通知》（国税发〔2007〕33 号）②则要求，如通过税收征管、房屋登记等历史信息能核实房屋原值的，应依法严格按转让所得的 20% 计征。其实早在 2007 年上海市地税局即曾发出《关于个人转让房屋税收征管问题的通知》，该通知要求各区交易中心严格执行 2006 年 8 月 1 日实行的《财政部、国家税务总局、建设部关于个人住房所得征收个人所得税的通知》，其中，最关键的是，在"未能提供完整的房屋原值凭证是指……"中增加了"契税征管档案中没有上次交易价格等记录"。此意味着，即使纳税人说无法提供房屋原值凭证，还可以查看交易中心是否有该套房屋上次交易的契税征管档案，如果有，则能够比较准确计算房屋原值。但可惜的是此政策在卢湾区执行两天后，因市民反响强烈，有关部门出来紧急澄清，最后不了了之。在个人房地产交易所得之计算上，毫无疑问，如何正确评估房地产的市场价格，成为税法上的重中之重。

（二）企业所得税

在企业所得税中，征收房地产所得的相关的法律依据为《企业

---

① 国税发〔2006〕108 号："……三、纳税人未提供完整、准确的房屋原值凭证，不能正确计算房屋原值和应纳税额的，税务机关可根据《中华人民共和国税收征收管理法》第三十五条的规定，对其实行核定征收，即按纳税人住房转让收入的一定比例核定应纳个人所得税额。具体比例由省级地方税务局或者省级地方税务局授权的地市级地方税务局根据纳税人出售住房的所处区域、地理位置、建造时间、房屋类型、住房平均价格水平等因素，在住房转让收入 1%—3% 的幅度内确定。……"

② 《国家税务总局关于个人转让房屋有关税收征管问题的通知》（国税发〔2007〕33 号）："……充分发挥税收政策的调节作用。税务、住房城乡建设部门要密切配合，对出售自有住房按规定应征收的个人所得税，通过税收征管、房屋登记等历史信息能核实房屋原值的，应依法严格按转让所得的 20% 计征。……"

所得税法》第 6 条:"企业以货币形式和非货币形式从各种来源取得的收入,为收入总额。包括:……(三)转让财产收入;……"同法第 8 条:"企业实际发生的与取得收入有关的、合理的支出,包括成本、费用、税金、损失和其他支出,准予在计算应纳税所得额时扣除。"《企业所得税法实施条例》第 16 条、同法第 57 条以及同法第 58 条①则详细地规定了其性质为固定资产,其价格之计算以购买时或建造时所发生的支出为基础。诚然在企业所得税法当中,由于企业的协力义务,包括记账义务及保存凭证义务,计算企业所得相对比个人所得容易,然而小规模、不规范的企业,由于完善财务制度的缺位,其实面临相同的如何估算转让收入以及成本费用的问题,回归到《税收征收管理法》第 35 条②、《税收征

---

① 《企业所得税法实施条例》第 16 条:"企业所得税法第六条第(三)项所称转让财产收入,是指企业转让固定资产、生物资产、无形资产、股权、债权等财产取得的收入。"

《企业所得税法实施条例》第 57 条:"企业所得税法第十一条所称固定资产,是指企业为生产产品、提供劳务、出租或者经营管理而持有的、使用时间超过 12 个月的非货币性资产,包括房屋、建筑物、机器、机械、运输工具以及其他与生产经营活动有关的设备、器具、工具等。"

《企业所得税法实施条例》第 58 条:"固定资产按照以下方法确定计税基础:(一)外购的固定资产,以购买价款和支付的相关税费以及直接归属于使该资产达到预定用途发生的其他支出为计税基础;(二)自行建造的固定资产,以竣工结算前发生的支出为计税基础……"

② 《税收征收管理法》第 35 条:"纳税人有下列情形之一的,税务机关有权核定其应纳税额:

(一)依照法律、行政法规的规定可以不设置账簿的;

(二)依照法律、行政法规的规定应当设置账簿但未设置的;

(三)擅自销毁账簿或者拒不提供纳税资料的;

(四)虽设置账簿,但账目混乱或者成本资料、收入凭证、费用凭证残缺不全,难以查账的;

(五)发生纳税义务,未按照规定的期限办理纳税申报,经税务机关责令限期申报,逾期仍不申报的;

(六)纳税人申报的计税依据明显偏低,又无正当理由的。

税务机关核定应纳税额的具体程序和方法由国务院税务主管部门规定。"

收管理法实施细则》第 47 条①核定，值得注意的是所规定的方法不具备针对性，具体操作上如何细化，而能逼近市场价值，是吾关注之焦点所在。

（三）土地增值税

在土地增值税，房地产交易所得以一个特殊的形式"增值额"出现，虽然形式上不是"所得"税，但究其实质，收入减除成本费用非常类似所得的基本定义，并且其与个人所得税及企业所得税面临类似的问题，以下细论之。

按依《土地增值税暂行条例》第 2 条②，纳税人包含个人及单位；第 3 条、第 4 条③明确了税收客体为"增值额"；而要明确增值额之实质，则需参照第 6 条④观其各项扣除项目，其实就是与取得该收入有关的成本费用，是以则涉及如个人所得税或企业所得

---

① 《税收征收管理法实施细则》第 47 条："纳税人有税收征管法第三十五条或者第三十七条所列情形之一的，税务机关有权采用下列任何一种方法核定其应纳税额：

（一）参照当地同类行业或者类似行业中经营规模和收入水平相近的纳税人的税负水平核定；

（二）按照营业收入或者成本加合理的费用和利润的方法核定；

（三）按照耗用的原材料、燃料、动力等推算或者测算核定；

（四）按照其他合理方法核定。

采用前款所列一种方法不足以正确核定应纳税额时，可以同时采用两种以上的方法核定。"

② 《土地增值税暂行条例》第 2 条："转让国有土地使用权、地上的建筑物及其附着物（以下简称转让房地产）并取得收入的单位和个人，为土地增值税的纳税义务人（以下简称纳税人），应当依照本条例缴纳土地增值税。"

③ 《土地增值税暂行条例》第 3 条："土地增值税按照纳税人转让房地产所取得的增值额和本条例第七条规定的税率计算征收。"

《土地增值税暂行条例》第 4 条："纳税人转让房地产所取得的收入减除本条例第六条规定扣除项目金额后的余额，为增值额。"

④ 《土地增值税暂行条例》第 6 条："计算增值额的扣除项目：（一）取得土地使用权所支付的金额；（二）开发土地的成本、费用；（三）新建房及配套设施的成本、费用，或者旧房及建筑物的评估价格；（四）与转让房地产有关的税金；（五）财政部规定的其他扣除项目。"

税共同面临的如何评估房地产价格的问题。就此同法第 9 条①规定
了若干情况下按"房地产评估价格"征收，而具体的计算方式，
依《土地增值税暂行条例实施细则》第 13 条②规定由房地产评估机
构根据市场价格评估并经当地税务机关确认，第 14 条③则规定，
如转让房地产的成交价格低于房地产评估价格，又无正当理由的，
由税务机关参照房地产评估价格确定转让房地产的收入。此处所
谓房地产评估价格，亦是根据市场价格决定，而如何评定出接近
真实市价，乃制度是否符合宪法量能平等负担之关键。

（四）两岸制度比较借鉴

由于房地产比之一般大宗商品的价格相对高，交易的周期长，
如何确认、评估特定房地产在某一时点的价格，即是课征所得税
时必须面临的困难。从大陆的实践经验而言，税务机关意识到要
推得一个合理的价格，必须参照包括但不限于所处区域、地理位
置、时间、房地产类型、平均价格等要素决定，此从符合税法核

---

① 《土地增值税暂行条例》第 9 条："纳税人有下列情形之一的，按照房地产评估
价格计算征收:(一) 隐瞒、虚报房地产成交价格的;(二) 提供扣除项目金额不实的;
(三) 转让房地产的成交价格低于房地产评估价格，又无正当理由的。"

② 《土地增值税暂行条例实施细则》第 13 条:"条例第九条所称的房地产评估价
格，是指由政府批准设立的房地产评估机构根据相同地段、同类房地产进行综合评定的
价格。评估价格须经当地税务机关确认。"

③ 《土地增值税暂行条例实施细则》第 14 条:"条例第九条(一) 项所称的隐瞒、
虚报房地产成交价格，是指纳税人不报或有意低报转让土地使用权、地上建筑物及其附
着物价款的行为。条例第九条(二) 项所称的提供扣除项目金额不实的，是指纳税人在
纳税申报时不据实提供扣除项目金额的行为。条例第九条(三) 项所称的转让房地产的
成交价格低于房地产评估价格，又无正当理由的，是指纳税人申报的转让房地产的实际
成交价低于房地产评估机构评定的交易价，纳税人又不能提供凭据或无正当理由的行
为。隐瞒、虚报房地产成交价格，应由评估机构参照同类房地产的市场交易价格进行评
估。税务机关根据评估价格确定转让房地产的收入。提供扣除项目金额不实的，应由评
估机构按照房屋重置成本价乘以成新度折扣率计算的房屋成本价和取得土地使用权时的
基准地价进行评估。税务机关根据评估价格确定扣除项目金额。转让房地产的成交价格
低于房地产评估价格，又无正当理由的，由税务机关参照房地产评估价格确定转让房地
产的收入。"

心价值的量能平等原则来看非常值得称许，越多的信息势必能帮助税务机关取得更加贴近市场的真实价格。2015 年 3 月 1 日通过的《不动产登记暂行条例》，从此不动产物权主体之变动成为公开信息，如何参考台湾"实价登录"的制度，进一步将市场交易之信息不对称进一步消弭，最后进而达到不动产"实价课税"的里程，优待吾人进一步观察台湾的实践，并"择其善者从之，不善者改之"。

五　结论

台湾的不动产税制，因袭已久，凡财税法学者无不撰文检讨，改革的目标不可谓不明确。然而不动产作为财产中最为重要的部分，在"有土斯有财"的传统价值观下，背后牵涉各种利益集团，往往牵一发而动全身，这是何以在经历了数次房市大起大落后，房地合一税制改革才真正千呼万唤始出来。

此次修法非常难得，改革了积弊已久的税制，确实让台湾税制往量能平等负担更进一步，而值得吾人赞誉。然而其中也有许多尚未梳理完而遗留下来的问题：如新制之下，土地增值税与土地交易所得税并课，虽有税基的部分扣除，然未能正确估计的部分仍然有重复课税的问题；又自用住宅优惠的认定流于形式；定额销售免税可能造成的将单一财产切割为多笔财产以扩大免税额的问题等。犹待吾人在进一步持续追踪、观察、改正。

大陆如今面临同样甚至更为棘手的不动产税制改革的问题，如何吸收、消化包括台湾在内的改革经验，建立一套长治久安的、科学的不动产税法，值得更多学者投入、研究。财税制度之改革成功与否，是关乎国家朝代兴亡之头等大事，历史斑斑，殷鉴不远，而是否能称得上富国利民的税制，则需从法律是否符合宪法以及基本原理加以判断，也期许后续研究能持续从税制是否符合税收法定、宪法基本权保护以及量能平等负担原则的观点出发，建立起一套在世界维度上高标准的税法。

第二节　韩国财产税税制研究——兼论对中国房地产税改革的启示

一　问题的提出

近年来，中国对财政税收领域日益重视，其鲜明体现在 2013 年 11 月召开的中国共产党十八届三中全会《中共中央关于全面深化改革若干重大问题的决定》中。该决定充分肯定财税体制的重要性，阐明"财政是国家治理的基础和重要支柱"，"科学的财税体制是促进社会公平、实现国家长治久安的制度保障"。并且，决定还提出"深化财税体制改革"时具体强调"加快房地产税立法并适时推进改革"，同时也首次提出"落实税收法定原则"。2014 年 10 月召开的中国共产党十八届四中全会指出"加强重点领域立法"，随后，房地产税立法被列入 2015 年 8 月公布的十二届全国人大常委会立法规划中。但是，如此重要的房地产税改革也面临着诸多挑战，如：房产税立法宗旨不明确，房地产税相关法律和房产税试点正当性、合法性不足，不动产相关财产税征收对象范围过于狭窄[①]，尚未具有人大制定的房产税相关法律，保障纳税人权利的救济机制缺位等。

当前房地产税制度的主要问题和争议焦点集中在不动产保有环节，为寻求解决方案，借鉴国外立法例的研究方式能够向中国房地产税法改革提供新的灵感及启发。韩国作为中国的邻国，与

---

① 1986 年《房产税暂行条例》第 5 条将"个人所有非营业用的房产"纳入房产税免纳范围。

中国维持着历史悠久、有深度的交流关系。虽然两国国情不同，其政治、社会、经济语境不同，但是从不动产保有税的研究角度看，两国也具有一些共同点：在经济方面，已经过或正在经过高速发展，并伴有贫富差距加大和不动产投机盛行等随之而来的问题；在文化方面，两国均属东亚文化圈，人民历来重视不动产，持有"有土斯有财"的认识，对两国人民来说不动产带给的稳定感以及其意义是远超出市场上其他任何商品的价值的。并且两国均具有确保地方政府财政收入、实现税收正义等作为租税国家应然的追求，因此韩国不动产税制具有研究价值。

本节通过对韩国不动产保有环节税收立法，尤其是对更具有普遍性的韩国财产税的探析，了解并探讨其相关法律制定及具体制度设计，最后寻找对中国房地产税法改革的启示。

二　不动产保有税概要

不动产保有税是指对拥有、使用土地和房屋的行为课征的税，其为在很多国家历史悠久的税种。不动产保有税为财产税①，具有筹集财政收入、在再分配环节调节收入差距、资源配置、不动产溢价分享等多种重要功能。② 不动产保有税是中国在推进的房地产

---

① 狭义的财产税体系一般仅指财产保有税，即着眼于财产保有的事实而课征的税收（金子宏，1989）。从法学角度看，财产保有是指对财产事实上的控制与支配，包括财产所有人的保有和非财产所有人的保有。财产保有税可分为不动产保有税与动产保有税。广义的财产税则不仅包括财产保有税，还包括财产转让税和财产收益税。在此所指的财产税为狭义的财产税，除此之外，本书中所讨论的"韩国财产税"是指作为一个韩国地方税种的财产税。参见漆亮亮《财产税体系研究——兼论中国财产税体系的优化设计》，博士学位论文，厦门大学，2003年，第11—12页。

② 石子印指出，不动产保有税作为政府的政策工具具有这些积极功能的同时，还具有双刃剑特征，如：地方政府稳定的收入来源但有悖于税收支付能力原则、缓解收入分配不公与加大收入差距并存、有效调控资源配置与打压房地产经济并存、分享不动产溢价与损害公众福利并存等。参见石子印《我国不动产保有税研究》，中国社会科学出版社2011年版，第52—53页。

税改革的主要内容之一。目前中国的保有税有房产税与城镇土地使用税，前者对房屋的拥有、使用行为课征，后者对占用土地的行为课征。在韩国，跟其他国家一样，有关不动产的税可以分交易税和保有税两大部分。[①] 其中，在保有环节征收的国税有综合不动产税和农渔村特别税[②]；地方税共有四种，即财产税、地方教育税[③]、财产税课税特例[④]、地域资源设施税[⑤]。韩国的财产税和综合不动产税两种税种是与中国的房产税相对应的概念。本部分着

---

① 各不动产所有阶段的不动产税制如下：

各别所有阶段的韩国不动产税制

区分		国税	地方税
交易税	取得阶段	无	取得税
	转让阶段	转让所得税	无
保有税	保有阶段	综合不动产税	财产税

表格资料来源：송상훈，"부동산세제 개편과 지방재정"，이슈앤진단，경기개발연구원，2013，No. 106，p. 1。

② 依据《农渔村特别税法》第 3 条，综合不动产税的纳税人需要缴纳其综合不动产税应纳税额的 20% 的农渔村特别税（special tax for rural development）。

③ 韩国《地方税法》第 149 条规定征收地方教育税（지방교육세，local education tax），其征收目的为确保为提高地方教育质量而需要的地方教育财政的扩张所用的财政。地方教育税的纳税义务人包括财产税的纳税义务人，课税标准为课税特例以外的财产税额的 20%。

④ 财产税课税特例的前身是都市计划税（도시계획세），即依据现在已废止的《都市计划法》，为了确保都市计划事业所需要的财政而征收的税。都市计划税于 2011 年废止并被融入财产税，此时为了确保之前的都市计划税的税收，设立了财产税课税特例规定。财产税课税特例的课税标准与税率跟都市计划税相同，课税标准为财产税课税标准额，税率为 0.14%。

⑤ 韩国《地方税法》第 141 条规定，为了确保保护并开发地区的资源、进行安全管理和环保等相关事业所需要的财政以及消防设施等公共设施所需要的费用可以征收地域资源设施税。其课税标准为建筑物的市价标准额，即住宅的建筑物部分乘以公正市场价额比率，其税率为 0.04%—0.12% 的超额累进税率，但是对具有火灾危险的建筑物适用其原来税率之 2 倍的重税（公正市场价额比率是指设定课税标准时所适用的公示价格的比率。依照《地方税法实行令》第 109 条，土地以及建筑物的公正市场价额比率为市价标准额的 70%，住宅的公正市场价额比率为市价标准额的 60%）。

重探讨的财产税是地方税当中最主要的税种。

三 韩国财产税的变迁

韩国财产税的变迁可分三大阶段：开设综合土地税之前（1909—1990 年）、开设综合土地税之后（1990—2005 年）、开设综合不动产税之后（2005 年至今）。按照当代的政治环境及经济社会的要求，财产税一直在变化。

（一）开设综合土地税之前（1909—1990 年）

韩国财产税可追随到 1909 年（隆熙 3 年）对住宅课征的家屋税。家屋税开始以国税的形式课征，后来在日本殖民时代的 1912 年由"部"（道①属下行政机关）来以国税附加税的形式课征家屋附加税。1919 年以道税之特别税的形式制定家屋税，之后在 1949 年随着政府的成立建立了新的地方税体系，将其分类转换为属于特别市税和道税的独立税。1961 年为了确保地方财政来源，制定了《关于国税与地方税的调整等的法律》，进行《地方税法》的全面性改革。随之，将家屋税废止并制定了财产税，将其归类于首尔特别市税以及市、郡税的独立税，课税对象为土地、建筑物、矿区、船税等。之后于 1976 年将农地和林野包括在财产税课税对象范围内，1984 年将飞机也加到其范围内。②

从 20 世纪 80 年代开始，韩国经济迅速发展，扩大了地区间以及阶层间的收入差距，也增加了不动产投机现象。为了解决此种问题，1986 年制定了土地过多保有税，使其扮演对个人所有的空闲地（idle land）③和法人所有的非业务用土地的重税（heavy tax）角色。接下来在 1989 年将其废止并新设综合土地税，从 1990 年 1

---

① "道"是指韩国的一级行政区，等同于许多国家的省（Province）。
② 박종수, 서보국, 부동산 보유세제 개편방안 연구, 2010. 7. 20., 한국공법학회 최종보고서, pp. 4-5.
③ 空闲地（韩：공한지）是指为了投机目的，只期待着地价上涨而弃置的土地。

月 1 日实行。①

（二）开设综合土地税之后（1990—2005 年）

随着综合土地税的开设，韩国的不动产保有税采取土地和建筑物二元化的模式，即对土地课征综合土地税，对土地以外的建筑物课征财产税。综合土地税的制定目的为遏制土地的过多保有、稳定地价、加强量能课税原则。综合土地税采取的是按人合算制（인별합산제），将每个人在国内所有的全部土地一并合算起来，对其适用累进税率课税。② 综合土地税的纳税义务人为在综合土地税的课税基准日当天所有地籍法上的土地（田地、果园、杂项土地等）的人。其课税标准可分为综合合算、特别合算、分离课税三类。综合合算课税标准的税率适用 0.02%—50% 的累进税率，特别合算课税标准和分离课税标准适用较为缓慢和单纯的累进税率。但是由于综合土地税具有双重功能，即作为市、郡、区税给地方政府带来财政收入的同时也担当遏制不动产投机的任务，结果地方政府对提高课税标准持消极态度，未能有效地发挥遏制不动产投机的政策功能。③

（三）开设综合不动产税之后（2005 年至现在）

为了解决仍旧存在的不动产投机、土地的过多保有、地方政府间的财政差距等保有税相关问题，韩国政府于 2005 年进行《地方税法》改革，将之前的财产税和综合土地税一体化，称为财产税（系地方税），并且新设了对高额不动产课征的综合不动产税（系国税）。④ 从此开启了韩国不动产保有税的地方税与国税二元化时代。

---

① 마정화, 유현정, 부동산 보유세제의 헌법적 의미와 과제, 한국지방세연구원 2015, p. 31.

② 마정화, 유현정, 부동산 보유세제의 헌법적 의미와 과제, 한국지방세연구원 2015, p. 31.

③ 박종수, 서보국, 부동산 보유세제 개편방안 연구, 2010. 7. 20., 한국공법학회 최종보고서, pp. 5-6.

④ 以下提到的"财产税"均指作为韩国地方税之税目之一的财产税。

新的财产税为了平衡交易税负将其课税标准评价方式从之前的原价方式改成市价方式。并且为了防止保有税制改革带来的保有税负之激增，采纳了税负上限制，即纳税人的应纳财产税额超过前一年缴纳的税额之150%时其超出部分的税额不能征收。之后为了让与投机无关的老百姓的居住稳定，于2006年对税负上限制进行修改，按照住宅公示价格①分成三个阶段：住宅公示价格为3亿韩元以下的住宅，其税负上限为前一年的105%，因此算出来的财产税超过前一年的105%的住宅的应纳财产税为相当于前一年缴纳财产税的105%；同样的方式，3亿韩元到6亿韩元之间的住宅为110%，超过6亿韩元的住宅为150%。并且为了维持适当的财产税税负并防止财产税的激增，规定逐步提高课税标准额，但是为了弥补该制度的缺陷，将其代替为公正市场价额制度，即以市价标准额②乘以公正市场价额比率③的方式计算课税标准的制度。

综合不动产税制对于高额不动产持有者适用比地方税高的税率，其目的为加强关于不动产保有的税负公平，使不动产市场价格更加稳定，实现地方财政的均衡发展。④ 综合不动产税的内容

---

① 韩国政府每年对全国的代表性土地和建筑物进行调查并发表的不动产价格。尤其对土地的公示价格称为"公示地价"。http://terms.naver.com/entry.nhn？docId逐步＝1916444&cid＝50305&categoryId＝50305。

② "市价标准额"是为了计算地方税，政府对土地和建筑物设定的价格。

③ "公正市场价额比率"是指设定课税标准时所适用的公示价格的比率。依照《地方税法实行令》第109条，土地以及建筑物的公正市场价额比率为市价标准额的70%，住宅的公正市场价额比率为市价标准额的60%。

④ 마정화，유현정，부동산 보유세의 헌법적 의미와 과제，한국지방세연구원 2015，p.40；综合不动产税在卢武铉政权时期的2005年公布并实行，其初衷是不动产投机规制税。依据当时专门委员对于该法案向国会相关委员会提交的专门委员评论报告阐："现行不动产保有税，作为对于投机需求扭曲不动产价格而产生的不动产市场失灵（market failure）的政府干预税收手段，从结构上存在内部限制，不能够起到有效的作用，考虑之，综合不动产税的引进较为妥当。"박종수，서보국，"종합부동산세의 지방세 전환에 관한 연구"，사단법인 한국토지공법학회 토지공법연구 제64집 2014년 2월，p.142。

为，在已经对每个纳税人课征较为低率的财产税的基础上，国税厅对于超过一定标准的土地以及建筑物之所有者进行全国层面的不动产保有现状的分析，基于之对其再次以累进税的方式课征高率的税。综合不动产税的各别税负也有上限，即应纳税额超过前一年税额的150%时不缴纳超出部分的金额，并且将一些建筑物和土地视为非课税对象。

财产税和综合不动产税的差别如下：

表3-3　　　　韩国财产税和综合不动产税的比较

区分		财产税	综合不动产税
课税权管辖		地方政府（市、郡、区）	国家
住宅（包括附属土地）		对个别住宅适用累进税率	对个人在全国所持有的住宅适用累进税率
土地	综合合算课税对象	将在管辖区域内个人拥有的该类土地合算后对其适用累进税率	超过5亿韩元时对个人在全国所拥有的住宅适用累进税率
	个别合算课税对象	将在管辖区域内个人拥有的该类土地合算后对其适用累进税率	超过80亿韩元时对个人在全国所拥有的住宅适用累进税率
其他建筑物以及土地		以个别财产的价额为课税标准，适用等级比例税率（차등비례세율）	不课税

从表3-3可以看出，除了课税权管辖以外，两者之间的比较明显差别在于对住宅的课税方式：财产税对个别住宅适用从低率开始的累进税率，但是综合不动产税将个人在全国拥有的住宅合算后对其适用累进税率。对土地的课税上两者均采取合算方式，但是财产税的合算范围是管辖区域内，综合不动产税的合算范围是全国。还有，关于对其他建筑物以及土地，财产税以个别财产的价额为课税标准适用等级比例税率，但是综合不动产税则不课

任何税。① 接下来进一步讨论韩国财产税的详细内容。

四　韩国财产税的立法

韩国不动产相关税种分散在不同税法中，比如，财产税、取得税和综合不动产税属于《地方税法》(地方税)，转让所得税属于《所得税法》(国税) 和《法人税法》(国税) 等。其中保有环节的财产税作为属于地方税的税种，以《地方税法》为母法在不同等级的法律中规定相关内容。《地方税法》的下位法有《地方税法执行令》(总统令)、《地方税法执行规则》(行政自治部令)、行政规则(行政安全部告示)、自治法规(各地方政府条例以及规则) 等。

(一) 立法权

财产税为地方税的重要税种之一，其立法权可以从国家租税立法权的大框架内讨论。《大韩民国宪法》第59条规定"租税的种类和税率由法律规定"，明确规定税收法定主义。韩国采取议会立法制度，"立法权属于国会"②，提交法案的主体为国会议员和政府。③ 议会提案需要10名以上议员同意，政府提案需要通过国务会议④。税法的立法与其他领域的立法相比要求更加高度的专业性，国会议员为了补充和提高专业性，需要时可以适用国会内设的立法调查处和预算政策处、各党内的专门委员、《政党法》上的政策研究员、各议员的政策秘书等，并且在国会外还可以适用相关政府研究机关和包括市民团体在内的不同专家群。⑤ 同时，正因

---

① 박종수, 서보국, "종합부동산세의 지방세 전환에 관한 연구", 사단법인 한국토지공법학회 토지공법연구 제64집 2014년 2월, p.141.

② 《大韩民国宪法》第40条。

③ 《大韩民国宪法》第52条。

④ 《大韩民国宪法》第89条。国务会议是指审议属于政府职权的主要政策的最高政策审议机关，由议长(总统担任)、副议长(总理担任)，以及15—30名的国务委员(大部分为行政各部的部长) 来组成。

⑤ 김진영, 정책적 조세입법 검토와 조세입법전문화 방안 연구, 법학논총 제21권 제3호, 2014, pp.479-480.

为税收立法需要高度的专业性，加上为了一些推进政策方面的原因，租税立法中政府提交的法案也很多，对其存在不同看法。①

虽然立法的任务在国会身上，但是法律也保障总统、总理、行政各部的部长等行政主体的立法活动。其种类按照立法主体可分总统令、总理令、部令等。②

韩国行政立法可分为法规命令（具有法规性质）和行政规则（不具有法规性质的）。法规命令为行政机关基于形式上法律的授权或者为了法的执行而制定的规定，具有对外的法拘束力。行政规则为涉及行政机关内部管理相关内容的内部规定。法规命令的制定应该由《宪法》或法律授权的正当的机关，在授权范围内，对于不违背上位法并且明确和可实现的内容，通过立法预告和法制处的审查的必要程序，具备条文、序号、日期等形式而进行。③ 没有特别规定的话公布后 20 天后生效。④ 法规命令在政治上受到国会和国民控制，在司法上受法院和宪法裁判控制，在行政上受监督厅和行政程序控制。⑤

（二）立法目的

对于韩国财产税制定目的的理解可以从其属性出发——地方税当中的普通税（ordinary tax）。依据韩国《地方税基本法》第 7

---

① 关于更详细的政策性租税立法和租税立法专业化问题，可参见김웅희，조세입법의 구체적 문제점과개선방안，세무학연구 제 27 권 제 1 호，2010；김진영，정책적 조세입법 검토와 조세입법전문화 방안 연구，법학논총 제 21 권 제 3 호，2014。

② 《大韩民国宪法》第 75 条规定，总统关于在法律规定的范围内被授权的事项，或者为了执行法律所需要的事项可以发布总统令；同法第 95 条规定，国务总理或行政各部的部长关于其所管事务，通过法律或总统的授权，或者以自己的职权，可以发布总理令或部令。

③ http：//www.doopedia.co.kr/doopedia/master/master.do?＿method＝view&MAS＿IDX＝101013000843855.

④ 《有关法令公布的法律》第 13 条。

⑤ http：//terms.naver.com/entry.nhn? docId＝1100890&cid＝40942&categoryId＝31721.

条，财产税被纳入为地方税的税目之一，被归类为普通税。① 韩国财产税作为地方税的一部分，其立法目的可以从《地方税法》的框架解释——通过规定作为地方财政收入之基础的租税之种类以及课征的相关事项，充分准备地方政府的财政收入来源。② 并且普通税的开设目的也满足地方政府的一般财政需求。

可见，财产税的基本制定目的是筹集地方政府为了提供公共服务而需要的财政收入，加强地方政府的财政独立性。但是同时，在韩国，由于其急速的经济发展背景，政府在很多时候将其作为政策工具适用，试图通过其达到抑制投机、稳定不动产市场等目的。

五　韩国财产税课税要素

（一）课税对象与纳税义务人

财产税的纳税人为在课税基准日（每年 6 月 1 日）实际所有该财产的人。③ 不能确认实际所有人时将使用人视为纳税义务人。

韩国《地方税法》第 105 条规定，财产税的课税对象为土地、建筑物、住宅、船舶及飞机。这种财产大多数需要登记或备案，但是该课税对象财产的公簿④上的登载情况与实际情况不相同时，

---

①　该条规定地方税可分普通税和目的税。

②　법제처 국가법령정보센터 http://www.law.go.kr/lsInfoP.do? lsiSeq = 173234&efYd = 20150724#AJAX.

③　韩国宪法裁判所的相关判决对以课税基准日为标准决定纳税义务人的法律条款表示："不考虑课税对象财产的保有时间而将保有一年的财产保有人和保有未满一年的财产保有人同等对待并同样课征一年份的财产税额之规定出自对财产税的本质的考虑，即财产税认为保有财产的价值是税赋能力的表现而并非是保有财产所带来的收益，因此难以视为不合理的差别。" 헌재 2008. 9. 25. 2006 헌바 111. -마정화，유현정，부동산 보유세제의 헌법적 의미와 과제，p. 44 에서 재인용.

④　《综合不动产税事务处理规定》第 2 条就公簿（공부）下定义，即国家或地方政府等主体将《不动产登记法》所规定的登记簿、《关于家族关系之登录等的法》所规定的家族关系登录簿、《地籍法》所规定的地籍公簿（土地台账、地籍图等）、《建筑法》所规定的建筑物台账以及其他财产权的取得、移转、变动等相关事项登录或登载并保管的台账。

依照《地方税法》第 119 条规定按照实际情况课征财产税。①

除飞机与船舶外，财产税的主要课税对象为不动产。依据《地方税法》第 104 条第 1 号规定，"土地"是指《有关空间信息的构建与管理的法律》所规定的地籍公簿登录对象土地以及其他被使用的实际上的土地；按照《地方税法》第 104 条第 2 号与第 6 条第 4 号，"建筑物"是指韩国《建筑法》第 2 条第 1 行第 2 号所定义的建筑物（包括与其类似形态的建筑物）以及附着在土地上或设置在地下以及其他构造物的休息设施、储存设施、船坞设施、泊位设施、导管设施、供水与排水设施、能源供给设施以及其他与其类似的设施（包括其附属设施），由总统令来进行相关规定。依据《地方税法》第 104 条第 3 号，"住宅"是指韩国《住宅法》第 2 条第 1 号所定义的住宅，即以能够谋求居住生活的结构建成的建筑物及其附属土地，但住宅不包括在土地和建筑物范围内。②

《地方税法》第 109 条单独规定不属于课税对象的非课税项目。非课税对象为：属于国家、地方政府、联合地方政府、外国政府以及驻韩国国际机构所拥有的财产；由国家、地方政府、联合地方政府一年以上公用或公共用③使用的财产；以及总统令所规

---

① 将其称为"按现状开征原则"（현황부과의 원칙）。但是，《地方税法》第 107 条第 2 款规定将公簿上的所有人视为纳税义务人的情况：（1）由于未申报因买卖等原因已变动的所有权，因此不能确认实际上的所有人的情况；（2）未申报为宗中财产的实际上的宗中财产在公簿上以个人名义登载的，将各个公簿上的所有人视为纳税义务人（"宗中"是指家族团体，是不具有权利能力的社团，其目的为维护共同先祖的坟墓、增强宗员间的亲善和福利等）。박종수，서보국，"종합부동산세의 지방세 전환에 관한 연구"，사단법인 한국토지공법학회 토지공법연구 제 64 집 2014 년 2 월，p. 136 에서 인용.

② 박종수，서보국，"종합부동산세의 지방세 전환에 관한 연구"，사단법인 한국토지공법학회 토지공법연구 제 64 집 2014 년 2 월，pp. 136-137.

③ 依照《国立树木园缓冲地域协议基准》第 3 条第 1 款规定，"公用"是指国家或地方政府为了其办公、事业或公务员的居住所直接使用的设施；依据同行政规则第 3 条第 2 款规定，"公共用"是指《有关国土的计划以及利用的法律》第 2 条第 13 号所规定的公共设施中的公路、公园、广场、绿地、河川、滞洪区、下水道、沟渠、防灾设施、行政厅所设置的停车场等。

定的财产。[1]

(二) 对土地的财产税课税对象的区分

依据《地方税法》第 106 条,作为课税对象的土地分成三种类型,即分离课税对象、特别合算课税对象、综合合算课税对象。并且综合不动产税也采用同样的区分法。

1. 分离课税对象

财产税上的分离课税是指以土地的价额为课税标准,适用一定比例税率的课税方式。现有的法律规定,对农地、牧场、林野适用 0.07% 的低税率,对工厂用地以及所有权人为供给目的而拥有的土地适用 0.2% 的低税率,对高尔夫球场以及高级娱乐场所用土地适用 4% 的高税率。

2. 特别合算对象

财产税上的特别合算课税对象土地是指上述分离课税对象土地以外的一般建筑物的附属土地,其面积范围应不超过建筑物的地面面积×各用途地区[2]的适用倍率(3—7 倍)的面积的土地。对纳税义务人在课税基准日所持有的这些土地适用超额累进税率,其课税标准为在相关地方政府管辖内合算的金额。

3. 综合合算对象

财产税上的综合合算对象是指除了上述的分离课税对象和特别合算对象以外的其他所有土地。对纳税人在课税基准日拥有的该土地适用超额累进税率,其课税标准为在相关地方政府的管辖区域内合算的金额。

---

[1] 마정화, 유현정, 부동산 보유세제의 헌법적 의미와 과제, 한국지방세연구원 2015, p. 45.

[2] 韩国《地方税法实行令》第 101 条规定"用途地区"的种类及其适用倍率,用途地区可分城市地区与非城市地区:城市地区有:(1) 专用居住地区,其适用倍率为 5 倍;(2) 准居住地区、商业地区,其适用倍率为 3 倍;(3) 一般居住地区、工业地区,其适用倍率为 4 倍;(4) 绿地地区,其适用倍率为 7 倍;(5) 未计划地区,其适用倍率为 4 倍,城市地区以外的用途地区的适用倍率为 7 倍。

（三）课税标准

《地方税法》第110条规定，对不同类型的课税对象适用不同财产税课税标准：土地与建筑物的课税标准为市价标准额的70%，住宅的课税标准为市价标准额的60%，船舶与飞机的课税标准为其市价标准额。关于市价标准额，按照韩国《关于不动产价格公示以及鉴定评价的法律》已公示课税对象土地或住宅的价格的情况下，该土地的市价标准额为"各别公示地价"①，该住宅的市价标准额为"各别住宅价格"②或者"共同住宅价格"③。如果土地或住宅的价格没有公示的话，市长或郡守按照国土交通部长官提供的"土地价额比准表"④或"住宅价格比准表"⑤计算而决定市价标

---

① 国土交通部长官选择全国土地当中具有代表性的"标准地"并决定其单位面积（m²）的公示地价，之后由市长、郡守、区长来基于标准地的公式地价算出各别土地的单位面积（m²）的各别公示地价。各别公示地价的计算方法为：将各别土地的用途（居住用、商业用、工业用等）、公路和交通条件、土地利用限制事项等条件与具有类似利用价值的标准地进行比较，基于其比较出来的差异按照土地价格比准表算出价格倍率，最后用标准公示地价乘以价格倍率。算出来的个别公示地价通过市、郡、区的不动产评价委员会的审议而决定。相关机关通告公示地价时，需要在一定期间当中让土地所有人阅览该决定结果或者进行个别通知。此时有异议的土地所有人可以在决定或公示日后的30天内向市长、郡守、区长书面提出意见，若该意见不被接受的话可以提起行政审判和行政诉讼。个别公示地价在课征转让所得税、继承税、综合不动产税等国税以及取得税、登录税等地方税和开发负担金、农地专用负担金等负担金时适用为价格标准。参见http：//terms. naver. com/entry. nhn？docId=1826317&cid=42151&categoryId=42151。

② 由市长、郡守、区长来调查其管辖区域内的单独住宅而决定并向每个单独住宅通告的价格。http：//terms. naver. com/entry. nhn？docId=584711&cid=42094&categoryId=42094。

③ 国土交通部长官对公寓、底层小区住宅（연립）、多户住宅（다세대주택）等的共同住宅调查并算出该年度公示基准日（每年的1月1日）的适当价格后公示的共同住宅的价格。http：//terms. naver. com/entry. nhn？docId=2064699&cid=50305&categoryId=50305。

④ "土地价额比准表"是指依据公路接面状态、土地利用状态、用途地区、交通便利、离有害设施的距离等共有22个土地特性之现状来显示地价水准差异的倍率表。土地价额比准表是为大量评估而设计的具有客观性的地价计算表，由于其为计量化的地价计算标准，非专家也能够使用其迅速算出地价。http：//terms. naver. com/entry. nhn？docId=587161&cid=42094&categoryId=42094。

⑤ "住宅价格比准表"是指比较标准住宅与各别住宅之价格的表。http：//terms. naver.com/entry. nhn？docId=584711&cid=42094&categoryId=42094。

准额。共同住宅的市价标准由市长或郡守来按照行政自治部长官
所定的标准设定。船舶和飞机的市价标准在考虑交易价格、进口
价格、建造或制造价格等因素所设定的基准价格之基础上，按照
课税对象的特征，由地方政府的首长来决定（《地方税法》第4条；
《地方税法施行令》第2条和第4条）。①

　　与其相关，宪法裁判所有关判决表示，以市价标准额为标准
算出土地和建筑物的财产税课税标准时未补充规定"以市价为标
准"，这并非侵害财产权。② 税务机关对全国所有不动产在每年的
课税基准日课征财产税，这样，市价标准额制度解决了一个一个
地调查各别不动产实际价格时的成本问题，能够按照统一的市价
标准额算出课税标准，得以确保稳定的税收来源，实现实际上的
税收负担公平。市价标准额为客观的评估价值，相关法律规定内
容设有使其准确反映市场价格的机制。并且纳税义务人可以通过
赋课处分取消诉讼等一系列救济制度解决市价标准额相关纠纷。③

　　（四）税率

　　韩国《地方税法》第111条规定了土地、建筑物、住宅、船
舶、飞机的财产税税率。就对土地课征的财产税而言，不同课税
对象的土地的税率各不相同，除上述分离课税对象（对其适用比例
税率）以外，对特别合算课税对象适用0.2%—0.4%的三阶段超
额累进税率，对综合合算课税对象适用0.2%—0.5%的四阶段超
额累进税率。住宅的税率，对于别墅与其他住宅分别适用，对别
墅（包括其附属土地）适用4%的比例税率，对其他的住宅（包括其
附属土地）适用0.1%—0.4%的四阶段超额累进税率。对建筑物

---

① 박종수, 서보국, "종합부동산세의 지방세 전환에 관한 연구", 사단법인 한
국토지공법학회 토지공법연구 제64집 2014년 2월, pp. 137-138.
② 宪法裁判所 2014. 5. 29. 2012 宪 BA432.（헌재 2014. 5. 29. 2012 헌바 432.）
③ 마정화, 유현정, 부동산 보유세의 헌법적 의미와 과제, 한국지방세연구원
2015, pp. 45-46.

适用比例税率,对于不同类型的建筑物适用不同税率:高尔夫球场和高级娱乐场用的建筑物为4%,特别市①、广域市②、市的居住地区以及以条例规定的地区内的工厂用建筑物为0.5%,其他建筑物为0.25%。此外,对高级船舶适用5%的比例税率,对其他的船舶和飞机适用0.3%的比例税率。上述税率体系为"标准税率",地方政府的首长可以在由于特别的财政需求或自然灾害等原因不得不调整财产税税率的情况下在标准税率的50%范围内减少或增加税率。如此减少或增加的税率仅在当年适用。

除此之外,在过密抑制地区③(产业区和工业地区除外)新设或者增设建筑物的话,从最初的课税基准日开始的五年时间里对该建筑物适用的税率为对建筑物适用的财产税税率(0.25%)的5倍(1.25%)。④

表3-4 韩国财产税税率表⑤

课税对象	课税标准	税率	备注
住宅	6000万韩元以下	0.1%	别墅0.4%
	1亿5000万韩元以下	6万韩元+超出6000万韩元的金额的0.15%	
	3亿韩元以下	19万5000韩元+超出1亿5000万韩元的金额的0.25%	
	超过3亿韩元	57万韩元+超出3亿韩元的金额的0.4%	

① 韩国的特别市为政府直辖的特别行政地区,是上级地方政府当中首都首尔的特例制度。

② 广域市为仅次于特别市的上级地方政府,相当于中国的直辖市,目前有釜山广域市、大邱广域市、仁川广域市、光州广域市、大田广域市、蔚山广域市6个广域市。

③ 过密抑制地区(과밀억제권역,Overpopulated constraint district)是指由于具有人口或产业过度集中的可能性而需要移转或者调整的地区,其设定目的为首都圈的合理布置与均衡发展。

④ 韩国《地方税法》第111条之2。

⑤ 参见韩国国税厅《不动产与税金》,2015,p.27。

续表

课税对象	课税标准	税率	备注
建筑物	高尔夫球场、高级娱乐场	4%	过密抑制地区内工厂的新设、增设（5 年间1.25%）
	居住地区、指定地区内工厂用建筑物	0.5%	
	其他建筑物	0.25%	
综合合算课税（裸地①）	5000 万韩元以下	0.2%	
	1 亿韩元以下	10 万韩元+超出 5000 万韩元的金额的 0.5%	
	超过 1 亿韩元	25 万韩元+超出 1 亿韩元的金额的 0.5%	
特别合适课税（事业用土地）	2 亿韩元以下	0.2%	
	2 亿韩元以上	40 万韩元+超出 2 亿韩元的金额的 0.3%	
	超过 10 亿韩元	280 万韩元+超出 10 亿韩元的金额的 0.4%	
分离课税（其他土地）	农地、牧场、林野适用	0.07%	
	高尔夫球场以及高级娱乐场所用土地	4%	
	除上述土地以外的土地	0.2%	

六　租税行政救济制度

纳税人不服税务机关的课税处分时可以通过救济程序解决问题。租税案件的程序的各阶段为：第一，课税前审查制度（과세전적부심），即进行课税处分之前的前期救济程序②；第二，已进行负课处分、更正处分或更正拒绝处分的情况下，裁判之前由行政机关来进行的事前审理程序（전심절차）；第三，法院进行的取消以及无效确定诉讼等的程序；第四，对于征收阶段的扣压处分、

---

① 裸地（bare land）是指其上面没有建筑物等地上物的宅地。
② 《国税基本法》第 66 条之 2。

扣压解除拒绝处分、标卖处分等的取消以及无效确定诉讼等的程序；第五，缴纳或强制征收后要求返还税金的返还请求诉讼等。①

提出审查、审判以及诉讼请求的具体程序为：纳税人不服征税机关的课税处分的，在90天内可以向国税或监察院提出审查请求，也可以直接向租税审判院提出审判请求。在向国税厅和租税审判院提出请求前，愿意的可以先向税务署或地方国税厅提出异议申请，税务署或地方国税厅须在30日内作出决定。作出决定后若纳税人仍然不服，能在90天内再向国税厅和租税审判院提出请求。在国税厅、租税审判院、监察院受理纳税人的请求后，国税厅和租税审判院在90天内，监察院3在个月内应作出决定。这一系列过程后若纳税人仍不服该决定，可以向法院提起行政诉讼请求。

提起租税行政诉讼之前，原则上应经过按照国税基本法的审查请求或者审判请求以及适用从此而来的相关决定（《国税基本法》第56条第2款），但是财产税等地方税的话可以只通过异议申请后直接提起行政诉讼。② 由韩国行政法院或地方法院等机关来进行租税诉讼，采取二级三审制（或者三级三审制）。

韩国租税救济制度当中较有特色的是韩国租税审判请求制度：纳税人受到不合法或不合理的租税相关处分时向租税审判院提起请求，进行纠正。韩国《国税基本法》第67条规定有关租税审判院的事项。租税审判院是为了避免纳税人不当缴纳税金而设立的，与税务机关相独立的纳税人权利救济机关。其组织结构为院长、6个审判部、13个调查官室。③ 租税审判院长收到审判请求后，指定一名主审租税审判官和两名陪席审判官并组织租税审判官会议，

---

① 韩国首尔行政法院租税诉讼实务研究会：《租税诉讼实务》，司法发展财团出版社2012年版，第15页。

② 同上书，第49页。

③ 租税审判院官网（www.tt.go.kr）。

由他们来进行相关的调查和审理。[①]

七 韩国财产税制度对中国房地产税改革的启示

(一) 立法方面

韩国财产税为《地方税法》的重要组成部分之一，是通过国会议决制定的税种。至于不动产税相关法律的行政立法，如同上述内容，在《地方税法》基础上，将《地方税法》作为母法，由宪法或法律授权的正当的机关，在授权范围内，对于不违背上位法并且明确和可实现的内容，通过立法预告和法制处的审查的必要程序，具备条文、序号、日期等形式而严格进行。在中国，从《房产税暂行条例》和沪、渝两地房产税改革试点工作等行政机关的税收立法活动能看出，[②] 之前的房地产税改革更多是行政主导性改革，而不是立法主导的改革，但是随着十八届三中全会正式提出的落实税收法定主义等重要决定内容和从此加速推进的一系列相关措施，中国房地产税改革已经进入了立法主导的改革新时期，但是还是有些有待解决的立法问题。中国到目前为止除了30年之久的"暂行"条例以外不存在通过全国人大制定的有关房地产的法律。不过2015年8月房地产税法已经进入全国人大的正式工作日程表，虽然其制定需要经过一个利益博弈的过程，社会上也需要达成共识，[③] 制定后还不一定能够马上实行，但是房地产税立法过程已开始并稳步进行，其不仅可行，同时也符合中国法治发展目标的任务。沪、渝两地的试点工作的合法性以及正当性问题也会随着房地产税法的制定自然解决，但是今后的改革路程中不应

---

① 《国税基本法》第72条第1款。

② 更详细的房产税改革试点的合法性讨论，参见李瑟《中国房产税改革试点之合法性探析》，载刘剑文主编《财税法论丛》第15卷，法律出版社2015年版，第379—395页。

③ 《专家：房产税应是地方财政支柱开征需有法据》，http://news.xinhuanet.com/fortune/2014-04/03/c_ 1110076388. htm。

忘记从沪渝试点工作经验学到的"改革的实质与形式必须兼顾"之教训。

（二）课税要素方面

基于韩国财产税的课税要素设计，制定新的房地产税法时可以考虑以下几个方面：

第一，房产税纳税义务人的设定。依据中国《房产税暂行条例》第2条，房产税由产权所有人缴纳；关于产权所有人，中国《物权法》第9条规定，"不动产物权的设立、变更、转让和消灭，经依法登记，发生效力；未经登记，不发生效力"，并且《城市房地产管理法》第59条也规定，中国实行土地使用权和房屋所有权登记发证制度，中国的房产税纳税人是房屋登记簿上的本房产所有人。中国从2015年3月开始施行《不动产登记暂行条例》，推行不动产统一登记制度，是为房地产税改革奠定基础的重要配套制度，其推进体现着中国房地产税法改革的发展。那么，将登记簿上的房产所有人视为房产税纳税人确实合理，并且能提高税收征收方面的效率，但是也有一些纳税人借名登记的现象。这种现象降低了纳税透明度，并且将来开始开征综合性房地产税后在课税范围扩大了的情况下直接牵涉应纳税额的额度，有必要提前寻找解决办法。与其相关，韩国采取"按现状开征原则"，课税对象财产公簿上的登载情况与实际情况不同时，按照实际情况课征财产税。这种做法更符合实质课税原则，还有通过对实际所有人课税的方式减少借名登记现象的效果。但是，由于这种方式同时大幅度加大了房产税的征收成本，因此需要慎重考虑并设计最符合中国国情的办法。

第二，课税标准的计算方法。按照《房产税暂行条例》第3条，中国目前的计算依据是房产的原值，依照房产原值一次减除10%—30%后的余值计算缴纳。此种方式的问题在于：首先，房产原值为交易当时的价格，在中国经济迅速发展，包括房价在内的物价大幅度上涨的大背景下，若本房产的最后一次交易的时点较久，则不能反映现在的市场价格和经济水准。其次，基于原值的计算方式还具有一部分纳税人为了少缴纳房产税而合同上标记低于实际交易额的可能性。如此两种问题，均能导致课税标准过低，不仅影响筹集地方政府财政收入，而且也不符合租税量能原则。在韩国设定课税标准时适用市价标准额，市价标准额基于公示地价（土地）和个别住宅价格或共同住宅价格（住宅）来设定。地方政府考虑交易价格，鉴定评价结果，课税对象的种类、结构、用途、房产的年龄等多种因素设定并每年更新公示地价以及个别住宅价格和共同住宅价格，并且为了审议有关课税市价标准额的事项在地方政府设置地方税审议委员会。① 通过这种方式算出来的市价标准额较为准确、合理，能够更好地反映财产的价值。

关于公示地价的计算还可以参考的一点是，韩国适用"标准地"方式，即国土交通部长官选择全国土地当中具有代表性的"标准地"并决定其单位面积（平方米）的公示地价，之后地方政府基于标准地的公式地价算出各别土地的单位面积（平方米）的各别公示地价，使得房地产价值评估及房地产税征收效率得到提高。

另外，韩国对没有公示价格的土地和住宅设定市价标准额时适用"土地价额比准表"，它是指依据公路接面状态、土地利用状态、用途地区、交通便利、离有害设施的距离等共有 22 个土地特性之现状来显示地价水准差异的倍率表。这是为了土地的大量评估而设计的，具有客观性的地价计算表，由于其为计量化的地价算定标准，便于非专家迅速、简单地计算地价，对于将来中国制定包括土地的房地产税时有参考价值。

第三，税率的设计。按照《房产税暂行条例》第 4 条规定，目前房产税的税率，依照房产余值计算缴纳的，税率为 1.2%；依照

---

① 《地方税基本法》第 141 条、《〈地方税基本法〉附则》第 10 条。

房产租金收入计算缴纳的，税率为12%，税率不仅非常低，而且对不同课税对象适用同样的税率。对住房的房产税只在沪、渝两个试点城市征收，但是试点工作启动之前购买的存量住房，除了在重庆对独栋商品住宅征收以外都不征收房产税。过于低的房产税不仅影响地方政府财政收入，而且降低了不动产保有成本，导致不动产投机行为增多。并且对所有房产适用千篇一律的税率，不能在最大程度上体现税收公平原则。

有关韩国财产税的税率设计值得参考，首先，韩国财产法对于不同用途和类型的土地、建筑物和住宅，适用不同税率。比如，对住宅的税率，对别墅（包括其附属土地）适用4%的比例税率，对其他的住宅（包括其附属土地）适用0.1%—0.4%的四阶段超额累进税率。其次，《地方税法》第111条第3款规定，地方政府的首长可以在由于特别的财政需求或自然灾害等原因不得不调整财产税税率的情况下在标准税率的50%范围内减少或增加税率，可分为别墅和其他住宅两类，加强了地方政府的自主性和财政筹划灵活性。当然，此规定也有限制，如此减少或增加的税率仅在当年适用。最后，韩国为了更好地、更合理地布置首都圈①并鼓励其均衡发展，选定一些具有人口或产业过度集中的可能性而需要移转或者调整的地区，将其称为"过密抑制地区"（overpopulated constraint district）。若在该地区（产业区和工业地区除外）新设或者增设建筑物，从最初的课税基准日开始的五年时间里对该建筑物适用对建筑物适用的财产税税率（0.25%）的5倍的财产税税率（1.25%）。中国人口多，在城市化过程中容易出现人口密集在大城市的现象，制定过密抑制地区并调整税率的政策在一定程度上能够起到分散过度密集在大城市的人口和设施的作用，同时也可以为因人口和设施密集而需要更大的公共服务成本的城市提供另

---

① "首都圈"是指以首都为中心构成的大城市区域。

一种筹集财政收入的来源。

（三）租税行政救济方面

目前包括房产税在内的税收救济制度当中最为需要改善的部分之一应是《税收征管法》第 88 条的"必先缴税后才可以申请行政复议"的规定。这样的前置程序可以保证国家税款的及时足额入库，但是同时也严重侵害了纳税人的财产权利。在韩国，当纳税人不服税务机关的课税处分时，有三种救济渠道：向国税厅或监察院提出审查请求、向租税审判院提出审判请求、向税务署或地方国税厅提出异议申请，均在没有缴税的情况下，在从收到课税通告的当天或者知道有课税处分的当天开始 90 天内进行，得以保护纳税人权利。与财产税相关的行政救济制度还有有关公示地价的救济：相关机关通告公示地价时，需要在一定期间当中让土地所有人阅览该决定结果或进行个别通知。此时有异议的土地所有人可以在决定或公示日后的 30 天内向市长、郡守、区长书面提出意见，若该意见不被接受，可以提起行政审判和行政诉讼。除此之外，中国房地产税法改革当中建立配套制度时，还可以关注韩国租税审判院制度，通过设立与税务机关相独立的纳税人权利救济机关来保护纳税人权利，防止纳税人缴纳税款。

八　结语

综合以上所述，本书从韩国财产税制度的沿革出发，介绍了该制度的特色，以及缺失与相应改革的观点；回顾了 20 世纪的开设综合土地税之前时期，然后开设综合土地税之后的时期，最后到开设综合不动产税之后的不同阶段；介绍了立法权、立法目的等韩国财产税立法相关内容；分析了财产税的课税对象与纳税义务人，对土地的财产税课税对象的区分、课税标准、税率等韩国财产税课税要素；研究了租税行政救济制度等方面，最后找出了一些韩国经验对中国房地产税改革的启示。

中国在制定房地产税法制度的改革十字路口上，面对宏观经济环境缓增长的新常态，以及地方财政困难扩大，特别是在 2016 年 5 月全面推进"营改增"（营业税改增值税），地方财政收入缺口进一步扩大的背景下，房地产税制度的设计更是动见观瞻，丝毫马虎不得。房地产税被期待成为取代营业税的地方财政收入一大税种，但如何平衡地方财政需求以及对于房地产市场甚至宏观市场经济的影响，成为立法亟待解决的两难困境。韩国作为中国最重要的贸易伙伴之一，受到类似的东亚儒家文化的影响，人民对于土地房产的观念，以及相应对其课税可能造成对宏观经济的冲击及应对，非常值得中国制定房地产制度时参考。韩国不动产市场已经历过泡沫，随后进行了必要的调整，目前不动产税制度从形式、实质、技术各方面已达到较为成熟稳定的阶段，相对之下，中国的房地产价格保持稳定增势，如何通过借鉴韩国经验应对其中积累的价格泡沫也是当务之急。

第三节　税制改革的历史观察——以授权立法为视角

到目前为止，现有 18 个税种仍有 15 个税种是国务院根据 1985 年全国人大对国务院的授权而进行的授权立法。对于授权立法的研究，目前学术界局限于运用法律保留原则对其进行批判，却缺乏在中国现实场景中的历史观察。现有研究普遍局限于规范意义上的立法研究，对于大量的权威性的党和国家的规范性文件缺乏足够的重视和思考，简单地认为除了宪法与法律之外的文件都是非正式文本，缺乏法学研究的必要。然而，在现实的场景之下，包括中共中央、全国人大、国务院都有大量的并非以法律形式出现，却与法律意义相近的普遍适用的规范性文件。这些规范性文件伴随着整个改革开放，所以研究改革与立法的关系不得不关注这些为学术界所忽视的规范性文件。在这些规范性文件中，授权立法是非常典型的一种。

一　税制改革的主要依据：1984 年、1985 年立法授权

我国的立法授权，总的说来包括三种。第一种是全国人大对常委会的授权，第二种是全国人大对地方立法机关的纵向授权，第三种是全国人大及常委会对于国务院的立法授权。与税制改革相关的主要是第三种，全国人大及常委会对于国务院的立法授权。

全国人大及常委会对于国务院的立法授权主要有三次。第一次是 1983 年 9 月 2 日，第六届全国人大常委会第二次会议决定：授权国务院对 1978 年 5 月 24 日第五届全国人大常委会第二次会议原则批准的《国务院关于安置老弱病残干部的暂行办法》和《国务院关于工人退休、退职的暂行办法》的部分规定作一些必要的修改和补充。

第二次是 1984 年 9 月 18 日，第六届全国人大常委会第七次会议根据国务院的建议作出决定："授权国务院在实施国营企业利改税和改革工商税制的过程中，拟定有关税收条例，以草案形式发布试行，再根据试行和经验加以修订，提请全国人民代表大会常务委员会审议。"同时还规定："国务院发布试行的以上税收条例草案，不适用于中外合资经营企业和外资企业。"

第三次是 1985 年 4 月 10 日，第六届全国人大第三次会议决定：授权国务院对于有关经济体制改革和对外开放方面的问题必要时可以根据宪法，在同有关法律和全国人大及其常委会的有关决定的基本原则不相抵触的前提下，制定暂行的规定或条例，颁

布实施，并报全国人大常委会备案。经过实践检验，条件成熟时由全国人大或者全国人大常委会制定法律。[①]

这三次立法授权与税制改革相关的是后两次，但是两次立法授权又有稍微不同。1984 年的授权主体是全国人大常委会，而且授权内容就是针对利改税和工商税制改革。1984 年 9 月 11 日，国务委员兼财政部部长王丙乾在《关于国营企业实行利改税和改革工商税制的说明》中指出：利改税的第二步改革，不仅是税收缺席的重大改革，也是整个城市经济体制改革的重要组成部分，是搞活经济的关键一着。[②]

1985 年的授权主体则是全国人大，其授权对象则是有关经济体制改革和对外开放方面的问题。因而 1985 年全国人大对国务院的授权相比 1984 年授权大大扩展了。因为 2009 年全国人大常委会废止了 1984 年全国人大常委会对国务院的立法授权[③]，所以 1985 年全国人大对国务院的授权反而成为现行税收条例合法性的唯一来源。

全国人大常委会法制工作委员会主任李适时解释说，"依据 1985 年的此项授权，国务院已经制定了一系列税收暂行条例，这个授权决定已将 1984 年的授权决定覆盖。而 1984 年的授权决定主要是解决经济体制改革初期国营企业利改税和工商税制的问题"。[④]

在李适时看来，1984 年的授权立法之所以被废止，并非因为其合法性存在问题，仅仅因为其内容为 1985 年全国人大对国务院的授权所覆盖，因而没有必要继续保留。所以现行税收条例的主

---

① 参见 1985 年第六届全国人大三次会议《关于授权国务院在经济体制改革和对外开放方面可以制定暂行的规定或者条例的决定》。

② 参见 1984 年 9 月 11 日国务委员兼财政部部长王丙乾《关于国营企业实行利改税和改革工商税制的说明》。

③ 参见 2009 年 6 月 27 日第十一届全国人大常委会第九次会议《关于废止全国人大常委会 1984 年工商税制授权的决定》。

④ 刘炜：《授权国务院立法 28 年》，《民主与法制时报》2011 年 6 月 7 日。

要形式合法性来自 1985 年全国人大对于国务院的授权。因而对于1985 年全国人大对于国务院授权的合法性的关注有很大的理论价值和实践意义。除了学界通常关注的法律规定之外，党和全国人大的规范性文件以及领导人的重要讲话也是研究的重要参考。

二　授权立法的合法性

（一）1985 年全国人大立法授权的形式合法性研究

为了保障经济体制改革和对外开放工作的顺利进行，第六届全国人民代表大会第三次会议决定：授权国务院对于有关经济体制改革和对外开放方面的问题，必要时可以根据宪法，在同有关法律和全国人民代表大会及其常务委员会的有关决定的基本原则不相抵触的前提下，制定暂行的规定或者条例，颁布实施，并报全国人民代表大会常务委员会备案。①

这个授权有几点值得注意的地方。首先是授权主体。这个授权主体是全国人大而非全国人大常委会。因此其合法性和效力等级要比 1984 年的授权高。其次是授权对象。被授权对象是国务院，即中央人民政府。这意味着进行授权立法的主体是国务院而非国务院部门。然后是立法授权的内容是关于经济体制改革和对外开放方面的问题。这次立法授权的内容相比 1984 年授权大大扩展了。再次，国务院进行授权立法的依据是宪法和法律。授权决定明确指出：必要时可以根据宪法来制定暂行的规定或者条例。② 因而，

---

①　参见《全国人民代表大会关于授权国务院在经济体制改革和对外开放方面可以制定暂行的规定或者条例的决定》（1985 年 4 月 10 日第六届全国人民代表大会第三次会议通过）。

②　参见时任全国人大常委会秘书长王汉斌（1985 年 4 月 10 日第六届全国人民代表大会第三次会议）的讲话："在同有关法律和全国人大常委会的有关决定的基本原则不相抵触的前提下，（国务院方能）制定暂行的规定或条例；如果同现行有关法律或者全国人大及其常委会的有关决定的基本原则相抵触，则必须由全国人大或者全国人大常委会决定。"《中华人民共和国第六届全国人民代表大会第三次会议文件汇编》，人民出版社 1985 年版，第 116—117 页。

这实际上是一个限制性条款。另外，授权立法的时效应该是暂行。最后一个是程序性要件，即国务院根据宪法和法律制定暂行条例，并报全国人大常委会备案。因而这个立法授权实际上包括主体、对象、内容、依据、时效、程序六个要件。

某种意义上来说，除了第三个要件内容相当宽泛外，其他要件都是很严谨的。并非许多学者所批评的 1985 年授权过于宽泛产生了许多后遗问题。而在当时那种情形之下，内容条款设定为"有关经济体制改革和对外开放方面的问题"其实是一种无奈。全国人大常委会法工委原副主任张春生在接受《民主与法制时报》记者采访时，指出了这一现象在当时所具有的合理性，"税制尚处改革过程中，倘若交由人大操作，没有这个能力，于是授权给了国务院。同时他认为，交给国务院具体规定，相当于给国务院一个'小授权'，使之边实践边积累经验，一旦办法成熟，再上升为法律；还有些时候，是因为法律急着要用，对某个具体问题又确实找不到其他妥善的、成熟的方案，于是采取了这个办法"[①]。

从王汉斌和张春生的谈话内容来分析，制度设计本身的初衷并无问题，1985 年立法授权从实体到程序都进行了制度设计，而且也明确指出这样的授权立法只能是暂时的，而不是长期存在的。

尽管有学者认为立法机关制定的规范性文件的效力低于法律法规，但并没有权威的正式依据来论证此观点。如黄金荣认为："狭义的'法律'在我国的法律体系中具有极高的法律地位，《立法法》已经对狭义'法律'规定了严格的法律程序，在这种情况下，就如同国务院不按《行政法规制定程序条例》制定的文件不能称为'行政法规'一样，凡是不符合《立法法》规定之程序制定的立法性文件都不应视为'法律'，而只能视为全国人大及其常委会制定

---

① 刘炜：《授权国务院立法 28 年》，《民主与法制时报》2011 年 6 月 7 日。

的'规范性文件',因此那些没有按照《立法法》要求经过国家主席签署主席令公布的立法性文件都只能称为'规范性文件',而不能称为'法律',它们无权规定《立法法》等属于'法律'保留的事项,除了法律有特别规定外,它们在效力等级上也应低于'法律',而不能与之相冲突。"① 黄金荣的观点并未成为法学界之通说,即便黄的观点成立,1985 年全国人大对国务院的授权是在 2000 年《立法法》通过之前,因而 1985 年全国人大对国务院的授权与2015 年《立法法》的法律效力孰高孰低仍然无法确定。

正因如此,在形式上,国务院财税主管部门把 1985 年全国人大对国务院的授权作为近期税率调整的法律依据确有其合理之处。

（二）1985 年全国人大立法授权的实质合法性：从增值税改革切入

要从实质意义上讨论探讨 1985 年全国人大立法授权的合法性问题,则不能不提及我国改革开放中的一种立法思路：试点立法。这种立法思路在改革开放 30 余年中扮演着重要角色,在近年仍然十分流行。比较典型的就是增值税的立法试点、房产税的立法试点、资源税的试点等。

而在这些立法试点中,增值税的立法试点是最值得深思的,因为过程最为复杂。国务院在获取 1984 年授权的当日便发布《增值税条例（草案）》,共试行了 10 年,直到 1994 年国务院制定的《增值税暂行条例》出台。旨在探索增值税从"生产型"转为"消费型"的试点又于 2004 年自东北地区开始,逐步推至中部地区,并最终在金融危机的压力下,于 2009 年推向了全国。此时将《增值税暂行条例》升格为法律的呼声亦不断高涨。只是提升增值税立法级次的努力尚未实现,新的试点又开始了,即从 2012 年开始,

---

① 黄金荣：《"规范性文件"的法律界定及其效力》,《法学》2014 年第 7 期。

我国先在上海，继而又在北京等多个省市开始推行营业税改征增值税的试点，该试点已成为整个"十二五"时期整个税制改革的重点。①

　　按照前述分析，从1984年以来增值税的立法历史来看，增值税立法一直处于变动之中。如果加上财政部和国家税务总局不断出台的拾遗补阙的增值税立法，那么增值税的立法的确是长期处于不稳定的状态。这实际上反映了在改革开放过程中，我国不断摸索与自身国情相适应的税制的过程。结合我国社会的高速社会转型，就可以理解为什么我们一直采取立法试点的方式来进行增值税立法。试想如果1984年我们就直接由全国人大进行增值税立法，那么至少在1994年、2004年、2012年我们就要进行三次大的增值税法修改。这对于市场经济高速发展而立法力量相对薄弱的中国而言，首先意味着巨大的立法成本，其次是大量与法律变动相关的执法、宣传等社会成本。

　　从税制改革的视角出发，我们大致寻找出了授权立法的实质合法性。改革开放的不断推进需要与其配套的税制改革，而这种改革是前无古人后无来者的，因而改革试点就显得在所难免。在某种意义上，1985年全国人大授权是现行税种改革的重要依据，至少在被废止之前是如此。

　　（三）目前授权立法存在的问题

　　目前的授权立法主要有几种形式。第一种是国务院为配合税制改革，依据1985年的立法授权所制定的十几个税收条例。比如1993年12月13日中华人民共和国国务院令第134号发布的《增值税暂行条例》。第二种是经国务院批准，国务院主管部门发布的调整相关税收政策的通知。比如《财政部、国家税务总局、工业和信息化部关于节约能源、使用新能源车船税优惠政策的通知》。第三

————————

　　①　张守文：《我国税收立法的"试点模式"——以增值税立法试点为例》，《法学》2013年第4期。

种是国务院主管部门自行发布的调整税收政策的通知。比如《关于进一步提高成品油消费税的通知》。

首先，第一种授权立法是最符合1985年全国人大授权国务院时的预期的。它以国务院的名义发布，至少在形式上比较符合预期。即便如此，也存在一些问题。关于出台依据，1985年授权明确要求国务院进行授权立法时应该以宪法为依据，这在各项暂行条例中基本上均未涉及。而且在时效上也存在问题。1985年授权明确提出这些条例应该是暂行，但这些税收暂行条例多数已经实施了20多年，暂行得似乎有些过长了。另外，1985年授权明确要求在条件成熟时应该由全国人大或常委会制定法律，但这些税收暂行条例实施多年进行修改时仍未采取人大立法的方式。

其次，第二种授权立法除了第一种授权立法所存在的共通性问题外，涉及授权立法主体转授权的问题。因为这种授权立法的发布主体实际上是国务院财税主管部门，并非国务院本身。"经国务院批准"的潜台词是这种授权立法是经过国务院转授权的。从法理上讲，授权立法不能进行转授权。这一点在2015年修改的《立法法》中得到了体现。《立法法》第12条明确规定："被授权机关应当严格按照授权决定行使被授予的权力。被授权机关不得将被授予的权力转授给其他机关。"所以第二种授权立法的合法性实际上是存在疑问的。

再次，第三种授权立法就是典型的违法行为。相比第二种授权立法，第三种授权立法可以说是公开违法。第一，国务院所属的部门并非国务院本身，无法直接根据1985年立法授权进行立法，因而存在主体上的瑕疵。第二，即便是获得了国务院的同意或授权，必须以公开明确的方式体现在相关通知之中。第三，严格依照1985年授权，授权立法必须向全国人大或常委会备案。

然后，另一个关于授权立法的问题在于税收基本问题的内涵的确定。现行《立法法》第 8 条第 6 款明确规定："税种的设立、税率的确定和税收征收管理等税收基本制度，只能制定法律。"这次《立法法》修改特别增加了第 6 款，其意义主要是为了落实十八届三中全会提出的"税收法定原则"，但《立法法》修正案从二审稿中"税种、纳税人、征税对象、计税依据、税率和税收征收管理等税收基本制度"要制定法律，被简化为三审稿"税种的开征、停征和税收征收管理的基本制度"要制定法律，到最后修正案中"税种的设立、税率的确定和税收征收管理等税收基本制度，只能制定法律"。那么现实情况是前述第二、第三种授权立法主要是针对征收对象、计税依据、税率进行调整，现在对税种和税率的问题进行了列举式规定，那么未被列举的"纳税人、征税对象、计税依据"如何解决呢？所以问题的关键在于税收基本制度除了这些列举的内容之外，还包括哪些内容呢？对于法律的解释权，《立法法》第 45 条明确规定属于全国人大常委会。所以全国人大切实履行自身的法律解释权也是非常关键的一步。

最后，法律明确之后的实施问题，根本上是国家治理能力的现代化问题。具体到税法领域，就是法律已经明确的东西，国务院部门不遵守怎么办的问题。比如在新的《立法法》通过之后的 2015 年 5 月 21 日，国务院关税税则委员会仍然对部分日用消费品的进口关税的税目和税率进行了调整，[①] 采用的就是第二种授权立法模式。对于中央政府部门甚至中央政府自身违法的行为，如何解决，将是考验全国人大及其常委会治理能力的风向标。

三　授权立法的走向

目前的税制改革中，授权立法构成整个税收法规体系的主体，

---

① 参见 2015 年 5 月 21 日《国务院关税税则委员会关于调整部分日用消费品进口关税的通知》。

要在 2020 年全面落实税收法定原则，建立现代财政制度，无法回避授权立法的问题。

　　2015 年 3 月 26 日经党中央审议通过的《贯彻落实税收法定原则的实施意见》，对如何落实税收法定原则提出了具体措施。这个被媒体称为"落实税收法定原则路线图"的意见对于国务院根据 1985 年立法授权所进行的大量税收条例如何上升为法律，结合税制改革进行了稳妥计划，第一类授权立法自然会得到解决，却忽视了还有诸如第二种、第三种不规范的授权立法如何解决的问题。第二类授权立法由于授权依据被废止，相应也会得到解决，但如何解决第三类授权立法才是解决行政机关立法的关键之所在。第三种授权立法是明显的违法，从法理来讲是行政权对于立法专属权的僭越。那么按照十八届三中全会决定和全国人大的路线图，待全部税收条例上升为法律或废止后，提请全国人民代表大会废止《全国人民代表大会关于授权国务院在经济体制改革和对外开放方面可以制定暂行的规定或者条例的决定》。①

　　在过去的 30 多年里，中国处于高速的经济体制改革和对外改革开放之中，税制改革实际上是作为改革开放的配套设施而伴随其中，正是因为这一巨大的经济社会背景，1985 年全国人大对国务院的授权才有其合法性。在这个意义上，可以说改革是 1985 年授权立法和国务院及其所属行政部门不断制定税收条例和相关决定的合法性的源头。但是随着 2020 年现代财政制度的确立，税制的基本结构也应随之确立，1985 年全国人大对国务院的授权立法的合法性也将失去其生存的土壤，国务院所属行政部门也应顺应时代潮流，规范自身行为，不得僭越立法权，构成实质上违反宪法之行为。那么国务院行政部门自身制定的相关税收政策未来之走向，可以考虑如下路径：首先，如果属《立法

---

　　① 参见全国人大常委会法工委负责人就《贯彻落实税收法定原则的实施意见》答问，中国政府网（http://www.gov.cn/xinwen/2015-03/25/content_ 2838356.htm）。

法》所明确规定属于人大专属立法权所规范的内容调整，则应请国务院提交全国人大常委会进行立法；如果不属于《立法法》所明确规定属于人大专属立法权，则仍可制定相关税收政策；如需随情势不断变更需要行政机关进行调整之内容，则应由全国人大或其常委会根据《立法法》进行专属的立法授权，有明确期限，再由行政机关出台相关政策调整。

其次，可以考虑建立授权立法评估机制。为了根据授权立法的实施状况及时制定和修改法律，就必须在建立健全规范性文件审查机制的整体设计中，统一建立授权立法后评估机制，使得授权立法的备案制度、评估制度、裁决制度、撤销制度之间相互衔接，形成有效的监督机制，及时将填补型授权立法上升为法律，从变通型授权立法过渡到对法律的正式修改。①

最后，可以考虑在全国人大下设一专门委员会——宪法委员会，其职责为协助全国人大常委会处理行政法规或地方性法规是否违反法律保留的问题，若发现违宪情况或收到违宪建议时，将其统一整理备案，交由全国人大或其常委会进行审议。② 这一条是针对更为根本的法律实施问题，这实际上是十八届三中全会提出的国家治理能力现代化的关键之所在。今天我们所面临的很多问题，并非以前的党中央完全没有考虑到，相当一部分问题是中央考虑到了，法律政策也制定了，但是各部门和各级政府令不行禁不止的问题。在现行政治体制下，全国人大及其常委会切实履行宪法赋予的职责，积极进行立法和法律解释，并对中央政府及其部门的行政立法进行宪法监督，是推进国家治理体系和治理能力现代化的基础性环节。

---

① 尹德贵：《全面深化改革视野下的授权立法》，《法学研究》2015 年第 4 期。
② 温耀原：《〈立法法〉修正下法律保留原则研究》，《西北师范大学学报》（社会科学版）2015 年第 3 期。

第四节　先立法后改革长期来看利大于弊

一　改革的法律意义

（一）改革的一般理解

改革的定义很多，《高级汉语词典》《新华字典》解释为：改掉旧的、不合理的部分，使更合理完善；《国语辞典》解释为：去故更新；百度百科解释为：现常指改变旧制度、旧事物，是对旧有的生产关系、上层建筑作局部或根本性的调整，一般指各种包括政治、社会、文化、经济、宗教组织作出的改良革新；而在英语中，一般表述为 reform 或 reformation，前者为动词，表示动作，后者为名词，表述行为，表达意思是：进行改进或提高，尤其是对人的行为或事物的结构(《剑桥词典》)。

综上所述，改革是一个褒义词。对制度而言，具有进步意义变动的才能成为改革，具有反动意义的就不能称为改革；对事物而言，具有先进或结构优化的变动才能称为改革，具有退化或劣化意义的变动也不能称为改革。

（二）世界上历次重大改革

1. 国外的改革

最早可以追溯到现今伊拉克境内的苏美尔城邦拉伽什，大约于公元前 2500 年，乌鲁卡基那在平民的拥护下推翻了卢加尔安达的统治，登上了王位，并进行了已知人类历史上第一次试图维护平民利益的政治改革运动。今天可以见到的人类历史上最早的法典即乌尔纳姆法典，也是苏美尔后人乌尔第三王朝制定的。

公元前另有重要改革是赫梯国王铁列平的王位继承制度的改革。铁列平于公元前 16 世纪针对因王位继承而导致政治动乱的问题进行了改革，具体明确了王位继承办法，改革使赫梯的王权得到巩固，国势日盛。

古代早期的著名改革还有古希腊的梭伦改革（宪政意义的）、克利斯提尼改革（政治体制）、伯利克里改革（民主政治）；古罗马的塞尔维乌斯改革（区域治理和政治体制）、格拉古兄弟改革（土地制度）、习惯法到成文法、公民法到万民法等改革。

近现代的著名改革包括：1517 年德意志的宗教改革，1787 年美国的联邦制改革，1832 年英国的议会改革，日本明治维新，苏联和东欧的休克疗法等。

2. 中国的改革

中国在公元前的著名改革主要有：春秋时期管仲改革，鲁国的税制改革，楚国吴起变法，秦国商鞅变法等，其中以商鞅变法最为著名。

我国历史上的著名改革主要有：王莽新政，涉及土地、币制、商业和官名县名等多方面的改革；北魏孝文帝改革，涉及政治、经济和文化等多方面的深刻改革，也是特别具有争议的一次改革；王安石变法，是中国史上继商鞅变法之后又一次规模巨大的社会变革运动，以挽救宋朝政治危机为目的，涉及政治、经济、军事、社会、文化各个方面；张居正改革，为挽救明王朝，缓和社会经济矛盾，在政治、经济、国防等各方面进行的改革，其中尤以"一条鞭法"著称于世。

中国近现代的改革主要有：清末的洋务运动和戊戌变法，戊戌变法又称百日维新，是希望通过改革政治、教育等制度，发展农、工、商业等的政治改良运动，但最终遭到顽固派的激烈抵制和反对而失败；民国的币制改革，包括废止银本位制、实施法币政策和采用外汇本位制等制度和政策的变革；新民主主义革命时期的土地改革运动，以党中央 1946 年 5 月 4 日的《关于土地问题的指示》开始，到 1947 年 10 月 10 日的《中国土地法大纲》，再到

1950年6月30日的《中华人民共和国土地改革法》，至1952年年底除新疆、西藏等少数民族地区外，中国大陆基本完成了土地改革；社会主义建设新时期的经济体制改革，经历了四个阶段，分别为计划经济体制内部引入市场机制改革、发展有计划商品经济阶段、建立社会主义市场经济体制阶段和完善社会主义市场经济阶段。

（三）我国改革开放以来改革的基本特点

我国从1978年实行改革开放，经过30多年的不断快速发展，取得了举世瞩目的成就，其改革的基本特点主要有以下方面：

1. 区域层面上的先农村后城市的渐进式改革

先从农村开始，废除人民公社，实行家庭联产承包责任制，从而激发了广大农民的积极性和主动性，迅速改变了农村的经济面貌，其改革的核心是使农村的生产资料所有权和经营权的分离。在农村经济改革获得成功的基础上再展开对城镇经济体制的改革，包括国有企业的改制改革等。

2. 发展层面上的先增量后存量的渐进式改革

在实行市场经济过程中，允许新设立的各类经济实体实行多种经济形式，包括个体、私营和混合等所有制形式，其改革的核心是对单一的公有制形式进行改革。在此良好发展的基础上，再对存量的国有经济成分进行改制改组，包括国有企业的抓大放小等。

3. 难易层面上的先容易后困难的渐进式改革。

在具备条件和优势的地区首先实现对外开放，包括在沿海地区建立经济特区、开放沿海城市等，在此成功的基础上，再实行中西部地区的对外开放，实现了东部、中部和西部的梯度式经济发展战略。其核心是采用差别化的区域经济政策。

4. 体制层面上的先经济后政治的渐进式改革

以经济体制改革为主、政治体制改革配合的策略推动中国社会全面的改革，确保经济活跃、政治稳定，避免了休克疗法改革给国家带来经济衰退、政治动荡等极端负面影响。

（四）改革本质是制度变迁

综上所述，改革本质上是对法律的改变，即便是改革导致的事物改变也是因为法律的改变而改变，纯粹的事物改变或结构优化不能称为改革，改革的持续过程表现为一种制度变迁。

1. 古今中外著名的改革都是法律的改变

国外的所有著名改革都是围绕法律的改变而进行的，从最早的乌鲁卡基那开始的维护平民利益的政治行动开始，经历了赫梯国王铁列平的王位继承制度的改革，古希腊的梭伦宪政的改革，习惯法到成文法、公民法到万民法的改革，美国的联邦制和英国议会制的改革，直到苏联、东欧的休克疗法，这一系列的改革都是法律的改变。中国也不例外，从春秋管仲改革开始，经历商鞅变法、王莽新政、孝文帝改革、一条鞭法、百日维新等，没有法律改变的任何变化就不是改革。

2. 我国的改革开放历程也是法律改变的过程

首先开始的农村改革，废除了人民公社，在其后的 1982 年《宪法》中得到了确认；土地的所有权和使用权分离、个体私营经济的发展在其后的 1988 年《宪法修正案》中得到确认；社会主义市场经济、家庭联产承包为主的责任制在其后的 1993 年《宪法修正案》中予以确认；多种所有制经济形式并存在其后的 1999 年《宪法修正案》中得到确认；国家公民的合法私有财产保护在其后的 2004 年《宪法修正案》中得到明确。

3. 任何事物的单纯改变或优化不是改革

在一般的改革概念中，事物的改变也可称为改革，但实际上在世界范围内，任何著名的改革都是一个变法的事件，而单纯的事物改变是不称为改革的。尤其在当今世界，单纯的事物改变或优化，要么称为创新，要么称为破坏，或者结构调整。

（五）不同改革对应不同层次的制度变迁

历史上流传下来的一般都是著名的改革，具有深远的历史意义，但在实际社会发展过程中，各种改革大小不一，改革始终在进行过程中。在我国，特别是改革开放以来，各种改革一直没有停止过，改革成为社会发展的基本动力，但这些改革是有层次的，涉及的法律也有不同层次的区别。

1. 基本性改革。主要表现为全局性、特别重大的改革。例如，废除人民公社、农村实行联产承包责任制、允许个体私营经济发展等。这些改革对应的是宪法。

2. 局部性改革。主要表现为部门性、一般性质的改革。例如，近期实施的"营改增"的税收制度改革，水资源费征收标准的调整等。这些改革对应的是一般法律或规章条例。

基本性改革与局部性改革的影响和范围是有重大区别的。基本性改革影响深远，涉及面广泛，一般会导致宪法修改；而局部性改革一般影响较小，涉及面有限，一般只会导致一般法律或部门规章、条例修改。

二　立法的改革意义

（一）对法律的一般理解

《新华字典》指出：法律由国家立法机关制定，具有一定文字形式，由国家政权保证执行，公民必须遵守的行为规则；《汉典》指出：法律古时指律令或刑法，由立法机关制定，国家政权保证执行的行为规则。我国出版的各类法律书籍对法律的表述也各有不同的侧重点，有广义的概念，也有狭义的表述，但基本相同的是其是一种"行为规则"，制定者则是"立法机构"。这种"行为规则"是可以变动的，具体表现为新的法律的设立或对老的法律的修改；"立法机构"也有层次的不同，不同立法机构制定或修订的法律，具有不同的效力。

（二）从改革角度理解法律

已经实施的法律，就是对人们的行为形成了既定的约束或规制，成为行为规则，而改革就是对既定的行为约束或规制进行改变，推动行为规则的改变，因而是法律的改变。法律的改变有不同的形式，既有新的法律的建立，也有既有法律的局部调整；既有基本性法律的制定或调整，也有部门性法律的制定和调整。这些不同形式的改变都表现为不同的改革行为。

1. 新的法律的建立。中华人民共和国第十届全国人民代表大会第三次会议于 2005 年 3 月 14 日通过的《反分裂国家法》，是新制定的一部法律。这部新法的建立，是我国专门为反对和遏制"台独"分裂势力分裂国家，促进祖国和平统一，维护台湾海峡地区和平稳定，维护国家主权和领土完整，维护中华民族的根本利益而制定的，也是一项重要的改革。

2. 法律的局部调整。近期实施的"营改增"就是税法局部的一项重要调整，就是对部分行业，包括建筑业、房地产、金融业和现代服务业等由原先征收营业税改为征收增值税。这也是党中央、国务院，根据经济社会发展新形势，为进一步减轻企业负税，从而调动各方积极性，促进产业和消费升级、培育新动能、深化供给侧结构性改革的一项举措。这是从深化改革的总体部署出发作出的重要决策，也将有助于加快财税体制改革的一项重要改革。

3. 基本性法律的建立和调整。为使我国顺利收回香港、澳门的主权，1982 年 12 月第五届全国人大第五次会议通过的《宪法》第三十一条明确规定："国家在必要时得设立特别行政区，在特别行政区内实行的制度按照具体情况由全国人民代表大会规定。"这为"一国两制"的实施提供了法律依据。这是我国宪法的一项重要调整，也是一项具有历史意义的重要改革。

4. 部门性法律的建立和调整。由于我国坚持改革开放的基本政策，部门性法律的制定和调整就相对比较频繁。这些法律法规和条例上的变化也都反映了部门内部的一些具体的改革。

（三）立法行为就是改革：不完全理性人的最优选择

立法，不仅包括新法律的制定，也包括对既有法律法规的修改。立法行为本身就是对既有行为规则进行修改或者优化，因此都是制度变迁，也就是改革。这种行为是不完全理性人的最优选择。

1. 关于人的不完全理性。理性是关于人在行为的因果关系上表述的一种逻辑状态，表现人们对事件发展因果的分析判断合乎事实的完整度。完全理性和不完全理性是两种不同的逻辑表示。由于人们对自己的情绪控制不足或个人思维理性的有限性导致人们处于一种不完全理性的状态。理论上讲，一个人可以完全控制自己的情绪而做到完全理性，或者是一定时间内的完全理性，但相对于事物发展的动态性和无限性，人的思维理性永远是有限的，因此人是不完全理性的。

2. 不完全理性条件下的立法。由于在人的不完全理性条件下制定了法律，因此法律也永远不可能是完美无缺的。但是人们在现有不完全理性条件下也没有更好的选择，制定这种不是"完美无缺"的法律也是人们的最好选择。因此，不管何时何地，人们建立的法律没有最好，只有通过改革进行进一步的立法，使法律变得更好。

3. 改革是完善既有法律体系的进一步立法。改革就是推动制度变迁，从而使现有的法律体系变得更好，而立法在改革中可以发挥两个方面的作用：一是对改革成果在法律上予以确认；二是规定或推动改革发展的方向、深度和广度。

（四）税收立法与税制改革

1. 税制改革就是对既有税法的调整。税制改革就是税收改革，也就是对现行的部分税法、税收条例、实施细则等进行改革，近期的"营改增"就是对现行的营业税税收关系调整为增值税的税收关系，并废止了《营业税征收暂行条例》，调整了《增值税征收暂行条例》和相关的实施细则等。

2. 税收立法就是对既有税法的改革。税收立法，如果是制定全新的税收法律，则是对现有的税法体系的一种重新调整，也是对税法体系的一种结构性改革；如果是对税法的修订或取消，也是一种税法的改革，近期的"营改增"虽然只是调整了部分税收关系，但是构成了我国税收工作中的一次重要改革。

三 立法与改革的关系研究

立法与改革的先后关系，国内的学者已经有了广泛的讨论，甚至是一个老生常谈的问题了，但这个问题始终还是一个问题。主要表现是问题研究没有深入，简单地把它归结为一个矛盾的统一体，从而得出要么改革在先、立法在后，要么立法在先、改革在后的简单结论。这种结论要么与实际改革不符，要么与法制理念不符，从而失去对实践的指导作用，并进而走入循环讨论的困境中。本研究利用改革的层次性对应法律的层次性理论来突破这一困境。

（一）从改革角度理解法律层次

改革本身就是对法律的改变，但改革是有层次性的，并不是一项改革就会涉及所有法律，而是会涉及相应层次的法律。根据改革的层次性，需对法律进行一个层次性分析，其中还需要创设部分新概念。

1. 按照法律的效力价位分类。法律可以分为上位法、同位法和下位法。三法相比较，效力大的为上位法，反之则为下位法。同时，上位法上还有效力更大的上位法，而下位法下还有效力更小的下位法。上位法有顶，在我国宪法是法律之顶，为最高法律，改革需要中央"顶层设计"，就是修改宪法的行为；下位法没有底，可以根据改革需要不断创设，但不得与上位法相抵触。

2. 按照改革研究需要创设本位法的概念。任何一项改革都会在一定层面展开，在这特定的层面会有相应的法律规范，并有相对应的上位法和下位法。例如，近期的"营改增"改革，只涉及营业税和增值税的调整，那么改革的本位法就是营业税和增值税暂行条例，此项改革的上位法就是税收征管法，而改革的下位法就是营业税和增值税暂行条例实施细则。"本位法"概念的创设对全面解开改革与立法关系的困境具有十分重要的意义。

（二）立法与改革关系深度解析

引入本位法的概念，立法与改革的关系就能十分清晰地进行说明。

1. 本位法：改革在先，立法在后。对于本位法而言，改革就是为了推动其改变，或者是调整，或者是制定新法。这种改革基本上是先试点，成功以后再推广。例如，营业税改增值税，在我国经过了三个阶段，第一阶段：确定试点方案，并于2011年在上海开展交通运输业和部分服务业"营改增"试点；第二阶段：逐步扩大试点，自2012年8月1日起至年底，扩大"营改增"试点至8省市，2013年8月1日推广到全国试行，并将广播影视服务业纳入试点范围，2014年1月1日起将铁路运输和邮政服务业纳入试点；第三阶段：2016年5月1日至今，全面推开"营改增"试点，将建筑业、房地产业、金融业、生活服务业全部纳入"营改增"试点。待今后《增值税暂行条例》和下位法《增值税暂行条例实施细则》等修订完成后，此项改革就算完成。此次改革，对于本位法而言，是典型的"先改革后立法"。

2. 同位法：改革在先，立法同步。相对于某一项改革所涉及的本位法，其对应的同位法一般不会在改革还没有成功的时候先行立法，必须在本位法立法时同时进行调整。如果同位法先行或推迟修订，必然会出现不同程度的相互抵触或者法律盲点。

3. 上位法：立法在先，改革在后。作为本位法的上位法，在改革本位法时，相应的上位法必须优先立法，才能实施本位法的改革。例如，如果此次"营改增"涉及"税收征管法"等上位法需要修订，则从依法治国的角度出发，必须先行对"税收征管法"等上位法进行修订，才能开始实施"营改增"的改革，否则就会使改革出现违法现象，不仅是本位法改革违法，同位法的协同也会出现违法问题，下位法要执行改革的本位法更是违法。

4. 下位法：立法在先，改革同步。对于改革本位法而涉及相应的下位法，一般都是本位法先行修改或立法，而后同步或稍晚进行立法或修订，无须进行试点等。例如，本次"营改增"，在《增值税暂行条例》修订的同时，其作为下位法的《增值税暂行条例实施细则》必须同步修订，否则在理论上就没法执行本位法。

综上所述，改革与立法的关系可以清晰地表述为：对于上位法和下位法，立法优先；对于本位法和同位法，改革优先。如果本位法上面没有上位法，例如宪法改革，则依然坚持改革优先的原则，这就是强调一些重大改革需要"顶层设计"的原因；如果本位法下面没有下位法，则更加简单，仍然是坚持改革优先的原则。

（三）我国处理改革与立法关系实践的理论分析

自我国改革开放以来，历经了众多的改革和立法，在这些成功的实践中，可以十分清晰地把握到改革与立法的明确关系。

1. 本位法和同位法的改革：改革优先，立法其后。1979 年我国开始农村经济改革，逐步推行家庭联产承包责任制，人民公社也就开始名存实亡。这样的改革，其相应的"本位法"是宪法。相应的宪法修订在 1982 年，国家在 1983 年正式宣布取消人民公社；家庭联产承包责任制则在 1993 年的《宪法修正案》中才得到确认。事实上，改革开放以来，诸多改革遵循"改革优先，立法其后"的做法是得到学术界一致认可的。

2. 上位法和下位法的改革：立法优先，改革其后。"一国两制"是我国改革历史上的伟大创举，正式实施是在香港 1997 年回归开始，进一步实施是 1999 年的澳门回归。这种基本性改革相对应的本位法分别是《香港特别行政区基本法》和《澳门特别行政区基本法》，两法分别在 1990 年和 1993 年制定。这两法的上位法是《宪法》，1982 年《宪法》就规定了"国家在必要时得设立特别行政区"。"一国两制"改革的上位法《宪法》立法在先，"一国两制"的实际改革在后。随着我国改革的不断深入，上位法和下位法立法优先将形成惯例。例如，在香港、澳门回归过程中，必须对实施的具体法律法规进行调整，而这些调整都必须建立在各自的特别行政区基本法基础上，故特别行政区基本法需得到优先立法。

（四）深刻理解和把握立法与改革关系的重要意义

深刻理解和把握立法与改革的正确关系，对于当前和未来的改革具有至关重要的意义，尤其是当前改革在很多领域已经进入深水区、敏感地带。把任何改革与立法全部简单地归结为一个矛盾统一体，并单纯地追求改革优先或立法优先，甚至试图采取折中办法去寻求某种平衡点等，事实上给我国的改革事业产生了严重的负面影响。坚持简单的改革优先，由于各种法律密布，在庞大的法律体系中，往往在实际改革中遇到违法的问题，让改革主体承担不应该承担的责任，也会使改革迷失方向甚至倒退；坚持简单的立法优先，则容易让改革主体进入死循环，一方面是先立法没有客观和实践依据，另一方面出现既已立法又何须改革的问题；坚持折中主义，则无法有效找到某种恰当的平衡点而使处理改革与立法出现虚无主义。

因此，在正确处理立法与改革的问题上，必须坚持"上位法、下位法必须立法优先，本位法、同位法必须改革优先"的基本原则。

1. 坚持上述基本原则，可以充分明确立法主体的职责和任务，形成协同效益。任何一项改革，必须首先明确改革的本位法以及相应的上位法、同位法和下位法，合理规定上位法、同位法和下位法立法主体在这项改革中承担的相应职责和必须完成的任务。上位法立法主体要在上位法中规定改革的基本方向和路径等基本架构，确保改革"于法有据"，避免偏向，甚至倒退；同位法立法主体要在本位法改革中及时与本位法协调一致，防止出现相互抵触和矛盾，从而使改革大打折扣；下位法立法主体要在本位法改革中及时跟进，避免与本位法造成脱节，从而造成改革合理不合法的问题。

2. 坚持上述基本原则，可以充分调动改革主体的积极性和主动性，形成勇于探索和改革的良好局面。改革主体只有在合理的空间中，能够开展有效的探索，取得相应的改革成果，才能充分发挥其改革的积极性和主动性。如果上位法常常使其违法，同位法常常给予掣肘，下位法常常与其脱节，则任何一项改革都无法取得成功。这样不仅会严重打击改革事业，而且还对社会发展造成严重影响。一方面是有位不为，尸位素餐；另一方面是相互掣肘，故步自封。

四　坚持税收立法优先于税收改革

在我国的税制改革中，坚持税收立法优先于税收改革，不是简单地理解为立法优先于改革，而是要坚持"税法的上位法、下位法立法优先，税法的本位法、同位法改革优先"的原则。

（一）我国税收立法与税制改革的基本特点

1. 我国税收法律的基本特征。我国税法的基本特征主要包括以下三个方面：一是税法的地位特征，一般被归为经济法，但形式上又主要表现为行政法的一个相对独立的部门法；二是税法的法律特征，具有公法性质的部门法，既是成文法，又是行为法，表现为程序性和规范性的统一；三是税法的规范特征，具有强制性、严谨性和统一性，同时也具有法规的多样性，行政法、经济法、刑法甚至宪法都有所涉及。

2. 我国税收法律的构成体系。完整的税法构成体系主要包括以下造成部分：一是税收基本法，属于税法中的宪法，我国目前还没有制定；二是税收征管法，是规范征纳税程序的基本法，我国已经建立并经多次修改；三是税务机构组织法，我国目前还没有建立；四是发票管理法，我国已经制定了《发票管理办法》；五是各税种的单行税法，我国已经建立两部税收法律和众多的暂行管理办法；六是其他法规，包括行政规章和解释、地方性规章和国际税收协定等。

3. 税收立法的特点。一是立法主体的多样性，包括各级人大、政府和部门；二是立法形式的多样性，不仅有程序法，还有成文法，有法律，还有各种规章、解释等；三是立法内容的多样性，有经济方面，又有行政方面等。

4. 税制改革的特点。一是改革的空间很大，我国税法体系虽然已经庞大，但还很不完善，体系很不完整；二是改革的涉及面广，任何改革不仅会牵涉广泛的市场主体，而且涉及的法律也很多；三是改革的持续性强，改革要不断适应经济形势发展快、结构调整力度大、市场主体变化多的多重特点。

5. 税制改革的相关法律关系分析。一是税法体系内部存在上位法、同位法、本位法和下位法等众多分别，在改革某项税收征管条例时，征管法是众多税收征管条例的上位法，而各单行征管条例相互构成同位法和本位法，征管条例的实施细则是征管条例的下位法，又是具体行政解释等的上位法；二是税法体系与外部法律也存在上位法、同位法、本位法和下位法等分别，税法改革时税法作为本位法，宪法是上位法，其他部门法构成同位法，还有一些经济规章构成下位法。

（二）税收立法与税收改革的关系原则

基于对目前我国税法的基本分析，在处理税收立法和税制改革关系中必须坚持以下四项原则：

1. 税收上位法需优先立法：改革必须合法，立法推动改革。任何税法的改革，都必须合乎上位法，这不仅是依法治国的客观要求，也能保证税法改革能沿着正确的轨道前进、取得预期的效果；等税收上位法调整以后再实施税收本位法的改革，不仅有助于通过上位法的立法来更好地推动本位法的改革，也可以使本位法改革确实做到"于法有据"。

2. 税收本位法需优先改革：改革推动立法，立法确认改革。在推进本位法的改革过程中，必须改革优先，确实做到先试点看效果、后推广看结果、再总结搞优化，在此基础上，才可以对本位法进行立法，并通过对本位法的立法确认改革成果。

3. 税收同位法需同时调整：改革引起调整，调整优化改革。在税收本位法改革和立法过程中，税收同位法必须同时调整，避免出现盲点或相互抵触，同时调整可以很好地优化本位法的改革，确保改革取得最优效果。

4. 税收下位法需自动调整：改革要求调整，调整服务改革。在税收本位法的改革过程中，税收下位法必须自动调整，完整正确的调整可以使本位法改革能够真正落到实处，从而更好地服务和服从改革的大局。

（三）长期看税收立法优先改革将利大于弊

税收立法优先改革，即坚持上述四原则，从长期看必然是利大于弊。

1. 先改革后立法是特殊时期的特别需要。先改革后立法，即在上位法没有及时调整之前就对本位法实施改革，只能是法律法规不健全的特殊时期的一个权宜之计，在法律法规日益健全的条件下，先改革后立法，即使是最好的改革，也会出现违法、遭到掣肘和难以落实等难题，从而使改革效果大打折扣。

2. 立法优先是依法治国的客观需要。依法治国是实现强国之梦和走向现代化的必由之路，任何改革也必须在合乎法律（上位法）的框架下进行，尤其是得到法律的保障，从而能够更好地推动改革的发展，有助于改革沿着正确方向发展，避免走入歧途，甚至倒退，更不会留下任何后遗症。

3. 立法优先有助于推动改革取得成功。任何一项改革，都需要创新，都会遇到各种难题。在本位法改革之前，上位法优先立法，不仅可以使本位法改革合乎法律，也可以在上位法中规定相关的同位法立法主体协调配合本位法的改革，要求下位法立法主体积极主动调整下位法，从而使改革得以顺利开展，最终取得改革的预期成果。

第四章

当前改革与立法关系的路径选择

第一节　重大改革要于法有据

经过 30 多年的改革开放，中国特色社会主义法律体系已经形成，在社会的方方面面也已经形成了一整套制度体系。这个客观情况决定了今天的改革，尤其是重大改革不能再奉行"摸着石头过河"的心态，而是必须要立法先行，于法有据。本书以税制改革为切入点，对改革与立法的关系进行了详尽反思，结合中国改革国情，尝试提出以下处理改革与立法关系的具体路径。

一　重大改革必须于法有据

（一）法治是治国理政的基本方式

"法令行则国治，法令弛则国乱。""法者，天下之准绳也。"2014 年 10 月 23 日习近平在中共十八届四中全会第二次全体会议上的讲话中指出，"历史是最好的老师。经验和教训使我们党深刻认识到，法治是治国理政不可或缺的重要手段。法治兴则国家兴，法治衰则国家乱。什么时候重视法治、法治昌明，什么时候就国泰民安；什么时候忽视法治、法治松弛，什么时候就国乱民怨。法律是什么？最形象的说法就是准绳。用法律的准绳去衡量、规范、引导社会生活，这就是法治。"①

2014 年 2 月 28 日，习近平总书记在中央全面深化改革领导小组第二次会议上的讲话中明确提出："凡属重大改革都要于法有据。在整个改革过程中，都要高度重视运用法治思维和法治方式，发挥法治的引领和推动作用，加强对相关立法工作的协调，确保在法治轨道上推进改革。"党的十八届四中全会通过的《中共中央关于全面推进依法治国若干重大问题的决定》（以下简称《决定》）强调，全面深化改革、完善和发展中国特色社会主义制度，必须全面推进依法治国。在中国这样一个 13 亿人口的大国，要实现政治清明、社会公平、民心稳定、长治久安，最根本的还是要靠依法治国。全面深化改革和全面依法治国必然涉及经济、政治、文化、社会、生态等各个领域各项制度的完善、创新与发展，由此必然涉及修改许多现行法律或者制定一系列新的法律，其实是一场深刻的法治变革和改革突破。它要求将法治建设覆盖于全面深化改革的全过程，更加注重发挥法治在国家治理和社会管理中的重要作用，实现国家各项工作的法治化。回顾中国改革开放以来的历程，贯穿着一条改革与法治相伴的主线，法治政府建设正沿着这条主线一步一个脚印向前迈进。运用法治思维和法治方式引领改革发展、破障闯关，以加快推进法治政府建设，实现国家治理体系和治理能力现代化，标注了依法治国的新高度，体现了改革与法治建设的新阶段。

（二）法治是改革发展的基本保障

改革开放 30 多年来，我国取得令世人瞩目的伟大成就，与此同时，改革发展中也积累了一系列的问题和矛盾。尤其当前，我国改革发展进入深水区，三期叠加的巨大压力和经济发展新常态下的种种挑战，使多年遗留下来的经济与社会发展中积累的问题

---

① 习近平 2014 年 10 月 23 日《在中共十八届四中全会第二次全体会议上的讲话》，人民网（http://cpc.people.com.cn/xuexi/n/2015/0507/c385475-26964090.html）。

和矛盾日益凸显，而这些矛盾和问题大多触及深层矛盾和冲突。只有依法而行的改革，才能在凝聚改革共识的基础上，有效解决改革过程中的矛盾和问题，也才能逐步打破固有的利益藩篱，突破旧利益格局的束缚。要打破盘根错节的利益格局，需要进行相应的制度创新和突破，这就需要法律的保障和推动作用，在这种意义上可以说，"深化改革"是对"改革"的"改革"。①

（三）法治是"国家治理体系和治理能力的现代化"的内在要求

国家治理体系和治理能力，是一个国家制度和制度执行能力的集中体现。国家治理体系是在党的领导下管理国家的制度体系，包括经济、政治、文化、社会、生态文明等各领域的体制机制、法律法规安排，国家治理能力则是运用国家制度管理社会各方面事务的能力，包括改革发展稳定、内政外交国防等各个方面。改革推进是现代化建设的关键性因素，法治保障是国家治理现代化的关键，以改革为引领，以法治体系的健全和法治能力的提升为核心内容，逐步建立和完善以宪法为核心的中国特色社会主义法律体系，无疑是完善和发展中国特色社会主义制度的核心所在，也是国家治理体系的客观需求。因为从法治与国家治理的关系来看，法治体系，无疑是最重要的国家治理体系；法治能力，无疑是最重要的国家治理能力。有效的国家治理，必然是法治化的治理，法治化是国家治理现代化的重要标志。而现代化的国家治理体系和治理能力必然引发一场广泛而深刻的社会改革与变革。

法治在推进国家治理体系和治理能力现代化中起着基础和支柱的作用，改革在国家治理体系中起到非常重要的推动作用。2014年2月17日，习近平在省部级主要领导干部学习贯彻十八届三中全会精神全面深化改革专题研讨班上的讲话中指出："立善法

---

① 张文显:《全面推进法制改革，加快法治中国建设》(上)，《法制与社会发展》2014年第1期。

于天下，则天下治；立善法于一国，则一国治。"①

（四）重大改革必须立法先行

党的十八届四中全会《决定》指出：我国正处于社会主义初级阶段，全面建成小康社会进入决定性阶段，改革进入攻坚期和深水区，国际形势复杂多变，我们党面对的改革发展稳定任务之重前所未有、矛盾风险挑战之多前所未有，依法治国在党和国家工作全局中的地位更加突出、作用更加重大。面对新形势新任务，我们党要更好统筹国内国际两个大局，更好维护和运用我国发展的重要战略机遇期，更好统筹社会力量、平衡社会利益、调节社会关系、规范社会行为，使我国社会在深刻变革中既生机勃勃又井然有序，实现经济发展、政治清明、文化昌盛、社会公正、生态良好，实现我国和平发展的战略目标，必须更好发挥法治的引领和规范作用。② 以法治引领改革，坚持改革决策和立法决策相统一、相衔接，使立法主动适应改革需要，积极发挥引导、推动、规范、保障改革的作用，做到重大改革于法有据，实现改革和法治同步推进，协调统一，增强改革的穿透力，增强依法解决改革中遇到的各种问题和挑战的能力，是改革开放30多年我国改革与法治建设的经验总结。

二　确保重大改革于法有据的几个要点

（一）充分认识改革与法治是辩证统一的有机结合体

纵观我国历史上的历次变法、革新、新政，不论后来结局如何，都是改革和法治紧密相连、紧密结合的。商鞅变法之所以成

① 习近平2014年2月17日《在省部级主要领导干部学习贯彻十八届三中全会精神全面深化改革专题研讨班上的讲话》，http://cpc.people.com.cn/xuexi/n/2015/0507/c385475-26964090.html。

② 《十八届四中全会公报全文》，http://www.js.xinhuanet.com/2014-10/24/c_1112969836.htm。

功，正是法令先行，层层推进的结果。只有在法治下推进改革、在改革中完善法治，才能充分发挥法治的作用，也才能更好地推进改革的深入和发展。从改革与法治的内在一体化关系分析，法治改革的性质一定程度上取决于改革成果的制度化表现。法治与改革的关系可以概括为：改革是内容；法治是形式，是对改革成果的规则表达、制度体现和定型化。各个领域的重要改革最后都要体现为制度的完善与创新，体现为规范化、法治化。

（二）坚持在法治下推进改革、在改革中完善法治

"在法治下推进改革，在改革中完善法治"，这是对辩证认识和处理当前我国改革与法治的关系做出的深刻论断，也是新形势下互动推进改革和法治的正确路径。

第一，法治的过程首先要将改革的制度性成果，诸如制度设计、政策规定等，上升为法律法规，进而实行依法治国、依法执政、依法行政。法治是一个国家迈向现代文明的基本标志，是改革取得成功的根本保证。法治兴，则改革顺；法治强，则改革成。当代中国全面深化改革，必须在法治精神、法治观念的指引下，运用法治思维和法治方式推进。

第二，改革的过程实际上是在寻找"良法"，而法治可以通过一定程序使之法制化。具体来说，改革就是要打破旧的体制机制、建立新的制度体系，是有"破"有"立"，"立"中有"破"。如果改革总是体现为对法律规则的突破与再突破，而忽略了"立中有破""破中有立"，就有可能因为朝令夕改的法律规则，削弱社会公众对于法律规则的信心，不断出台的新规、新法，很可能仅仅在文本上空转。整个社会的可预期性难免会降低。法律本身的稳定性、权威性也会受到损害，恐怕就会导致某些严重的后果。因而，改革的过程实际上是在寻找"良法"的过程，改革背景下的法治是动态、变迁的法治，是在改革中的不断变更和完善的法治。因此，迫切需要改革进程中以"法律至上"为主要宗旨和观念的

"良法之治",因为法治不仅侧重于"立",但更侧重于"立"中含
"破",落脚于"立"。改革的过程实际上是在寻找"良法",而法
治可以通过一定程序使"良法"固化即法制化。①

（三）运用法治思维和法治方式推进重大改革

运用法治思维和法治方式推进改革是领导干部转变传统执政
思维定式的需要。法治思维和法治方式不仅为改革提供了思维模
式和规范思路,使改革能够按程序性和规范性有序进行,而且还
可以避免可能出现的无序发展和进退失据现象,使改革获得合法
性保证和法治性依据,使改革成果得以固化和稳定,使改革的社
会效应产生更加久远的社会影响。它是把法治理念、法律知识和
法律规定外化于行的实践过程,也是依法治国、依法执政、依法
行政在操作实施层面上的体现。② 由于法治的程序性、稳定性和可
预期性,具有社会治理其他手段所不具备的优势,因而法治成为
治国理政的基本方式,也是推进改革的有效路径。法治思维和法
治方式由于其为改革的实践活动提供了思维规则和程序及模式,
因而是新的历史时期推动改革不断发展和深化的一种底线思维和
实践方式。当前,我国正处于中国特色社会主义制度完善发展、
推进国家治理体系和治理能力现代化的关键时期,我们更需要运
用法治思维和法治方式来处理和解决经济和社会发展中的一系列
重大问题,善于运用法治思维和法治方式进行改革,化解社会矛
盾。鉴于此,习近平总书记提出依法治国要抓住"关键少数"。提
高运用法治思维和法治方式的能力,先从抓住"关键少数"开始。
习近平总书记在党的十八届五中全会第二次全体会议上的讲话中
强调:"那种习惯于拍脑袋决策、靠行政命令或超越法律法规制定

---

① 付子堂、陈建华:《运用法治思维和法治方式推动全面深化改革》,《红旗文稿》
2013 年第 23 期。
② 陈春生:《运用法治思维和法治方式推进改革》,《河北日报》2014 年 12 月
31 日。

特殊政策的做法，已经很难适应新形势新任务的需要……，要更加自觉地运用法治思维和法治方式来深化改革、推动发展、化解矛盾、维护稳定，依法治理经济，依法协调和处理各种利益问题，避免埋钉子、留尾巴。"① 在重大改革问题上，各级领导干部要积极运用法治思维，以上率下，确保改革符合人民的利益，在正确道路上行驶。

第二节　论立法与不同类型改革的关系

当前我国的改革事业已经进入深水区、敏感地带，任何改革都会牵涉相关各方利益的深层次调整，正确处理立法与改革的关系是进一步深化改革和确保改革取得成功的关键。改革本质上是对既有法律的改进，不同层次法律的改进表现为改革的不同类型。正确区分不同类型改革，区别分析不同类型改革所面临的法律关系，才能真正厘清和正确处理改革与立法的关系。既要在重大改革时立法先行，又要在一般的中小改革中大胆进行地方实验，才能充分发挥中央与地方两个积极性。

一　正确区分重大改革和中小改革

任何改革的内容都会对应特定的主体法律，改革所面对的主体法律称为"本位法"。依据改革意义上的本位法理论可以明确区分重大和中小改革，从而为不同类型的改革指明改革的正确方向和选择最优的路径，进而推动各种改革顺利进行，达到不断深化改革和推动社会主义事业成功的最终目的。

---

① 《习近平在十八届五中全会第二次全体会议上的讲话》，中国新闻网（http://www.chinanews.com/gn/2016/01-01/7697573.shtm）。

（一）重大改革。在改革中，不仅要改革本位法和相应的下位法，还涉及本位法的上位法和大量的同位法，这种即为重大改革。重大改革的主要任务虽然是对本位法和相应的下位法进行改革，但因为涉及上位法和大量的同位法，必要时也要对上位法和同位法进行相应的调整。重大改革需要上位法的指导和支持，也需要同位法的配合和协调。仅依靠同位法改革主体来推动，不仅改革的正确方向和路径难以把握，而且处理众多复杂关系也会使改革难以为继。

（二）中小改革。在改革中，只改革本位法和相应下位法或只涉及少量同位法，即为中小改革。中小改革的基本任务是对本位法和相应的下位法进行改革，改革创新是在符合上位法和大量同位法的法律框架内进行，不需要调整上位法和大量的同位法，处理的关系相对简单得多。改革主体不需要处理十分复杂的上下和相互利益关系，可以充分发挥改革的主动性和积极性，全力对本位法的创新进行探索，推动改革创新获得成功。

二 中小改革地方创新的合理性

中小改革的合理性来源于前面所讨论的地方实验主义治理。

中小改革围绕本位法进行改革，不触及上位法，也不冲突同位法，也是于法有据的，而且关系处理简单，引发矛盾较少。同时，中小改革一般都局限在地方层面或者部门层面，影响也是在地方或部门范围内。中小改革鼓励地方或部门创新，就是在符合上位法和不与同位法的冲突的条件下，积极突破本位法的已有框架，不仅是非常合理的，也是十分必要的。

（一）中小改革的本质是本位法的创新。中小改革就是对本位法的变革和创新，就要改变既有的框架、条规和内容。改革于法有据的要求不能延伸到同位法本身，否则改革创新就无法进行。当前一些学者简单地论述改革与立法的关系，导致改革与立法进入死循环，其根本原因就在于此：改革要求创新，立法又要优先改革，但立法又没有改革创新成果支撑，导致无法改革创新和建立新法。

（二）法律创新是一个具有不确定性的探索过程。创新就是要在一个新领域进行创造，或者在传统领域进行改造，是一种具有很大的不确定性或不可预测的探索过程。改革需要首先选择一定的范围进行试点或试验，及时获得经验和总结教训，并进一步提炼优化。在此基础上才能进一步推广，推广成功后才能进行新的立法。试点试验就要突破本位法的条框，但又不能超越上位法的规定范围，也不能与同位法相冲突。这是一个既有规范，又要协调，更要有良好结果的探索过程。

（三）法律创新成功才是新的立法的基础。改革要获得成功，创新成功是关键。法律创新的成功体现在通过调整各方关系实现国家总体福利的累进，只有这种成功才能成为制定新法的基础。如果创新不成功，新的法律就不可能制定，这也是正确处理改革和立法关系的基石之一。

三　改革以宪法和法律为框架

不论是重大改革，还是中小改革的地方实验和创新，都要以宪法和法律为框架。改革不能与宪法和法律相违背，受其约束，只能在宪法和法律未明确的空白地带进行探索和实验。只有如此，才能充分地发挥中央和地方两个积极性，使改革既符合现行宪制安排，又能使改革充满活力，不能什么事都坐等中央的"顶层设计"，错失改革时机。

总之，要正确处理改革与立法的关系，必须首先正确区分重大改革和中小改革，其次要坚持以下原则：重大改革做到于法有据，要优先调整上位法和同位法，才能对本位法进行创新突破；中小改革要鼓励创新，对本位法进行探索突破的同时，要符合上位法的要求和不与同位法冲突。

参考文献

一 中文文献

（一）著作

《陈云年谱》，中央文献出版社 2000 年版。

《邓小平文选》，人民出版社 1994 年版。

《毛泽东选集》（第 1 卷），人民出版社 1991 年版。

《十六大以来重要文献选编（上）》，中央文献出版社 2005 年版。

莫纪宏、谢维雁主编：《宪法研究》（第十卷），四川大学出版社 2009 年版。

［意］葛兰西：《狱中札记》，葆煦译，人民出版社 1983 年版。

［德］马克斯·韦伯：《经济与社会》（上卷），林荣远译，商务印书馆 1998 年版。

［英］沃克：《牛津法律大辞典》，李双元等译，法律出版社 2003 年版。

李凡主编：《温岭试验与中国地方政府公共预算改革》，知识产权出版社 2009 年版。

郑方辉、张文方、李文彬：《中国地方政府整体绩效评价——理论方法与"广东试验"》，中国经济出版社 2008 年版。

俞可平等编：《政府改革的理论与实践》，浙江人民出版社 2005 年版。

石子印:《我国不动产保有税研究》,中国社会科学出版社 2011年版。

《习近平关于全面依法治国论述摘编》,人民出版社 2015年版。

(二) 文章

葛国耀、刘家俊:《改革攻坚:"摸着石头过河"的现实困境及其出路研究》,《中国特色社会主义研究》2012 年第 5 期。

何静、景春晓、黄婉霞、朱开君:《"顶层设计"与"摸着石头过河"的关系及其意义初探》,《鸡西大学学报》2015 年第 2 期。

李周:《全面深化改革仍需"摸着石头过河"》,载《人民日报》2015 年 4 月 9 日。

韩绍初:《在改革中不断前进的中国税收》,《涉外税务》2008年第 12 期。

谢芬芳:《中国税制改革 60 年成就与经验》,《集体经济·财税金融》2009 年第 10 期。

毛磊:《中国立法转向攻坚克难期》,《人民日报》2008 年 11月 19 日。

刘剑文:《财税立法的性质定位要摆正》,《检察日报》2013 年9 月 17 日。

王建学、朱福惠:《法国地方试验的法律控制及其启示》,《中国行政管理》2013 年第 7 期。

苏力:《当代中国的中央与地方分权——重读毛泽东〈论十大关系〉第五节》,《中国社会科学》2004 年第 2 期。

张少瑜:《宪法学研究述评》,《法学研究》1995 年第 1 期。

张千帆:《宪法变通与地方试验》,《法学研究》2007 年第1 期。

肖明:《"先行先试"应符合法治原则——从某些行政区域的"促进改革条例"说起》,《法学》2009 年第 10 期。

黄学贤:《行政法中的法律保留原则研究》,《中国法学》2005年第5期。

周尚君:《国家建设视角下的地方法治试验》,《法商研究》2013年第1期。

周尚君:《地方法治试验的动力机制与制度前景》,《中国法学》2014年第2期。

杨冠琼:《科层化组织结构的危机与政府组织结构的重塑》,《改革》2003年第1期。

田雷:《"差序格局"、反定型化与未完全理论化合意——中国宪政模式的一种叙述纲要》,《中外法学》2012年第5期。

陈柳裕等:《论地方法治的可能性——以"法治浙江"战略为例》,《浙江社会科学》2006年第2期。

刘松山:《立法规划之淡化与反思》,《政治与法律》2014年第12期。

赵天宝:《论乡土社会法律信仰的建构》,《湖北社会科学》2014年第7期。

宋冬林、范欣:《分税制改革推动了市场统一吗?》,《学习与探索》2015年第10期。

李冬梅:《我国地方财政困境辨析》,《云南财贸学院学报》2005年第5期。

[美]阿兰·J.沃尔巴克:《美国税制改革历程》,张瑛摘译,《经济资料译丛》2004年第3期。

[美]杰弗利·格鲁夫:《美国法的构成要素——以权力分立、司法独立、法院组织、遵循先例以及对抗制为中心》,丁相顺译,《法学家》2004年第5期。

郑淑娜:《提高立法质量实现良法之治》,《行政管理改革》2014年第12期。

沈亚伟、新东:《正确认识改革与法治的辩证关系》,《浙江经济》2015 年第 3 期。

柯格钟：《房地合一实价课税问题与挑战》，《税务旬刊》2004年总第 2269 期。

黄金荣：《"规范性文件"的法律界定及其效力》，《法学》2014年第 7 期。

张守文：《我国税收立法的"试点模式"——以增值税立法试点为例》，《法学》2013 年第 4 期。

张文显：《全面推进法制改革，加快法治中国建设》（上），《法制与社会发展》2014 年第 1 期。

陈金钊：《法治与改革关系及改革的"顶层设计"》，《法学》2014 年第 8 期。

陈金钊：《"法治改革观"及其意义——十八大以来法治思维的重大变化》，《法学评论》2014 年第 6 期。

石平：《在法治下推进改革　在改革中完善法治》，《求是》2015 年第 15 期。

外文文献

Sabel, C.F.& Zeitlin, J., "Experimentalism in the EU: Common ground and persistent differences", *Regulation & governance*, 6, 410-426 (2012).

Kumm, M., "Constitutionalism and experimentalist governance", *Regulation & governance*, 6, 401-409 (2012).

Our Global Neighbourhood: The Report of The Commission on Global Governance, Oxford University Press, 1995.

Buchanan, A.& Keohane, R.O., "The Legitimacy of Global Governance Institutions", *Ethics Int.Aff.*, 20, 405-437 (2006).

Gerard Elfstrom, *New Challenges for Political Philosophy*, London: MaCmillan Press Ltd., 1997.

Ann Florini, Hairong Lai, and Yeling Tan, *China Experiments*: *From Local Innovations to National Reform*, Washington, D. C.: Brookings Institution Press.

Boskin M.J., Stein H., *Reagan and the economy*: *The successes*, *failures, and unfinished agenda*, ICS Press, 1987.

Inman R.P., "State and local taxation following TRA86: Introduction and summary", *Journal of Policy Analysis and Management*, 1993, 12 (1): 3-8.

Chernick H., "Comment on Tax Exporting, Federal Deductibility and State Tax Structure", *Journal of Policy Analysis and Management*, 1993, 12 (1): 131-135.

마정화, 유현정, 부동산 보유세제의 헌법적 의미와 과제, 한국지방세연구원 2015, p.31.

박종수, 서보국, 부동산 보유세제 개편방안 연구, 2010.7. 20, 한국공법학회 최종보고서, pp.5-6.

김진영, 정책적 조세입법 검토와 조세입법전문화 방안 연구, 법학논총 제 21 권 제 3 호, 2014, pp.479-480.

박종수, 서보국, "종합부동산세의 지방세 전환에 관한 연구", 사단법인 한국토지공법학회 토지공법연구 제 64 집 2014 년 2 월, pp.136-137.

마정화, 유현정, 부동산 보유세제의 헌법적 의미와 과제, 한국지방세연구원 2015, p.45.

后　记

如河驶流，往而不返，人命如是，逝者不还。

本书是我主持的国开行一般课题"改革与立法关系研究——从税制改革切入"的结项成果。

这本书是我以团队合作形式出版的第一本书，汇集了数位合作者的共同努力。改革与立法的关系研究是当前依法治国背景下的一项大课题，本书只是尝试对这个问题进行初步的解答，提出一些思路。事实上，在当前中国社会急剧转型时期，对法治的认识还存在误区。通过立法来引领改革更主要是聚焦重大问题，而小的问题还是离不开基层政府不断地进行地方实验。之所以选取税制改革作为切入点，一方面是因为税制改革历来是改革先锋，也是观察社会的重要窗口；另一方面则是路径依赖问题，对这个领域比较熟悉。

感谢中央党校和国开行委托我承担此项课题，感谢亲人、领导、同事、朋友的支持，感谢中国社会科学出版社的支持，尤其要感谢衡水市市委党校的栗希荣主任、刘晓燕讲师，也感谢同门师弟陈彦廷博士、师妹李瑟博士、胡瑞琪硕士、谢捷硕士，还有学生李丞佑硕士的直接参与，用了一年半的时间，共同努力完成了此项课题。感谢所有人！

附本书撰写分工：

主编：张学博（中央党校政法部副教授）

第一章：

第一、第二节：栗希荣(中共衡水市市委党校法政教研室主任，副教授)

第三节：刘晓燕(中共衡水市市委党校讲师)。

第二章：

第一节：张学博、胡瑞琪(北京大学法学院硕士生)

第二节：张学博、谢捷(北京大学法学院硕士生)

第三章：

第一节：张学博、陈彦廷(北京大学法学院博士生)

第二节：张学博、李瑟(北京大学法学院博士生)

第三节：张学博

第四节：张学博、谢捷(北京大学法学院硕士生)

第四章：

第一节：栗希荣、张学博

第二节：张学博、李丞佑(中央党校政法部硕士研究生)

2017 年 3 月 7 日于掠燕湖

张学博